COLLECTION A. HERVO

THÉATRE CHOISI

DES ŒUVRES DE JEUNESSE, CERCLES ET PATRONAGES
ET DES MAISONS D'ÉDUCATION

1re SÉRIE

LES
HORLOGES

DE

PORNIC

COMÉDIE EN TROIS ACTES, EN PROSE

PAR

M. AUGUSTE HERVO

COURONNÉE AU CONGRÈS DE BORDEAUX
DE L'UNION DES ŒUVRES OUVRIÈRES CATHOLIQUES D'AOUT 1876

RÉFLEXIONS, INDICATIONS UTILES,
LITTÉRAIRES ET MUSICALES, MORCEAUX CHOISIS

1 franc 50 cent.

PARIS

BLÉRIOT, LIBRAIRE-ÉDITEUR

55, QUAI DES GRANDS-AUGUSTINS, 55

1877

THÉATRE CHOISI

DES OEUVRES DE JEUNESSE

1re SÉRIE

« Animus gaudens ælatem
floridam facit. » (Prov.)

AVIS

Il sera publié tous les ans une ou deux séries du Théatre choisi des OEuvres de jeunesse.

Chaque série formera un volume et chaque volume contiendra dorénavant 2 pièces et sera terminé par des indications utiles aux OEuvres et aux Maisons d'éducation, pour la composition des programmes de soirées ou séances dramatiques, littéraires ou musicales.

Papier très-solide pour assurer un long usage, et *collé* pour faciliter les additions, corrections, ou suppressions utiles.

Pour renseignements et informations, s'adresser à M. Blériot, éditeur.

———————

———————

COLLECTION A. HERVO

THÉATRE CHOISI

DES ŒUVRES DE JEUNESSE, CERCLES ET PATRONAGES
ET DES MAISONS D'ÉDUCATION

1ʳᵉ SÉRIE

LES

HORLOGES

DE

PORNIC

COMÉDIE EN TROIS ACTES, EN PROSE

PAR

M. AUGUSTE HERVO

COURONNÉE AU CONGRÈS DE BORDEAUX
DE L'UNION DES ŒUVRES OUVRIÈRES CATHOLIQUES D'AOUT 1876

RÉFLEXIONS. INDICATIONS UTILES,
LITTÉRAIRES ET MUSICALES. MORCEAUX CHOISIS.

1 franc 50 cent.

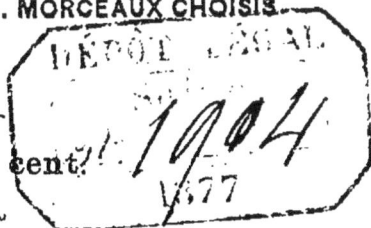

PARIS

BLÉRIOT, LIBRAIRE-ÉDITEUR

55, QUAI DES GRANDS-AUGUSTINS, 55

—

1877

A L'UNION

DES ŒUVRES OUVRIÈRES CATHOLIQUES

Hommage respectueux

de la plus profonde reconnaissance.

A. HERVO.

QUELQUES RÉFLEXIONS

L'usage des représentations ou soirées dramatiques dans les œuvres de jeunesse et les colléges, a ses partisans et ses adversaires.

Nous croyons qu'en cette matière il ne faut rien exagérer, et si nous approuvons, pour notre compte, l'emploi de ce moyen d'attrait si puissant, nous n'hésitons pas non plus à dire qu'il faut en user sobrement et veiller avec soin au choix des pièces.

Quatre mots peuvent résumer notre sentiment :

Usage, sobriété, qualité, variété.

I

L'arc ne peut être toujours tendu.

Une distraction honnête, saine, où le rire franc se mêle aux larmes généreuses, est donc en soi une bonne chose. *Animus gaudens ætatem floridam facit* (Prov).

Les temps que nous traversons sont pénibles pour la morale. Il est utile que les directeurs d'œuvres, les maîtres ou supérieurs des maisons d'éducation imitent un peu les pères et mères de famille. Ne voyons-nous pas ceux-ci se préoccuper, quand ils sont prudents, de rendre la maison paternelle aimable et attrayante, pour faire contre-pied aux excitations malsaines qui assiègent la jeunesse au-dehors? L'exemple est bon à suivre.

Or, nos modestes soirées dramatiques sont un délassement aussi agréable qu'utile. Elles développent l'intelligence, occupent l'esprit, rectifient les imperfections dans le parler ou le maintien et apprennent aux jeunes gens qu'on n'obtient rien sans peine. Ajoutons qu'elles sont consacrées par l'usage.

Elles intéressent les parents et les amis, même les étrangers, et montrent qu'on peut rire fort à son aise, sans offenser la morale ou la décence.

Elles sont presque indispensables, ce nous semble, dans beaucoup d'œuvres de jeunesse. Nous pensons en effet que le meilleur moyen d'assurer à nos œuvres un budget normal, qui nous permette de ne pas trop abuser de la générosité des gens de bien, c'est de grouper autour du cercle, du patronage, de l'œuvre quelconque, le plus grand nombre possible de membres honoraires et de leur demander à chacun une petite cotisation annuelle, de 5 à 10 fr. par exemple. Et pour maintenir leur zèle et leur constance, il est excellent de les inviter de temps à autre à de petites soirées dramatiques, littéraires ou musicales.

Si l'espace manque pour recevoir tous ses invités à la fois, tant mieux ! On donne à la fête une octave et on appelle le second jour tous les parents, amis et camarades des sociétaires. Les ressources de beaucoup de familles sont modestes. N'est-il pas bon de leur offrir gratuitement une distraction morale et qui a de plus le mérite de ne coûter rien?

De la sorte, les membres honoraires et les parents s'intéressent de plus en plus à l'œuvre, qui leur devient de jour en jour plus chère.

L'ouvrier voit que le bourgeois a du bon et le bourgeois fait à son tour la remarque que le bon Dieu a semé partout le cœur et l'esprit.

II

Mais les meilleures choses ont souvent des inconvénients.

Il faut craindre ici de trop développer le goût du théâtre, d'exciter l'orgueil, l'amour-propre, l'envie entre les jeunes gens ; il faut veiller à ne pas occasionner des pertes de temps considérables, qui pourraient mécontenter les patrons ou les parents.

Pour remédier à tout cela, il est nécessaire de bien choisir ses acteurs et de ne pas répéter trop souvent les soirées dramatiques. Le maximum chaque année devrait être, à notre avis, de deux grandes séances pouvant durer trois heures chacune, d'une ou deux autres

plus modestes. Si l'on ajoute une ou deux soirées purement littéraires ou musicales, il nous
semble que toutes les bonnes fêtes de l'année
auraient ainsi un lendemain charmant. Nous
disons lendemain, car il nous paraît meilleur
de ne pas avoir ces réunions le jour de nos
fêtes religieuses, pour ne pas occasionner une
distraction trop grande.

Nos soirées ne sont pas des théâtres, où mi-
nuit prend les spectateurs. Elles sont des fêtes
de famille, et la joie, le plaisir honnête, ne
font point tort au travail du lendemain. Faisons donc les choses simplement et à onze
heures éteignons le gaz ou les lampes.

III

Il faut être difficile dans le choix des pièces
et la composition des programmes, car sans
religion et sans morale, rien n'est bon; sans
esprit, les soirées languissent; sans littérature,
le mauvais goût nous envahit.

Bien des gens diront qu'avec cela nos petites représentations dramatiques ennuieront,
qu'il faut savoir suivre le goût du jour, etc., etc.
Ces objections nous touchent infiniment peu.

Nous prétendons au contraire que les choses
vraiment bonnes et belles n'ennuieront jamais,
et que, d'ailleurs, assez de gens font le triste
métier de dépraver les mœurs publiques, pour

que les catholiques se fassent un impérieux devoir de réagir énergiquement.

Qui fait, après tout, le vrai succès d'une œuvre quelconque? N'est-ce pas quand elle brille par le cœur, l'esprit ou l'intelligence? Qui donc dispense ces dons, si ce n'est Dieu, et à qui les accordera-t-il plus aisément et plus largement qu'aux catholiques, qui tous les jours implorent son appui? Le passé est là pour nous donner raison et le présent aussi. Les catholiques ne peuvent-ils pas revendiquer en effet le plus éclatant et le meilleur succès dramatique de l'année, l'œuvre de M. de Bornier : *La fille de Roland?*

IV

Que nos soirées soient variées.

Essayons le drame, la comédie, le proverbe; abordons la poésie et n'oublions ni la littérature, ni la musique.

Une pièce un peu longue, ou deux plus courtes, deux ou trois beaux morceaux de déclamation, quelques chansonnettes spirituelles (on en trouve encore en cherchant bien), un chœur pour finir, s'il se peut, n'y a-t-il pas là de quoi passer trois bonnes heures, où même les jeunes frères ou sœurs ne dormiront pas!

Profitons de ces soirées pour donner en public quelques détails sur nos œuvres catholiques, afin de les faire apprécier et connaître, et de temps en temps pour adresser à la jeunesse quelques bons conseils dont tout le monde pourra faire son profit.

Sur ce, nous entrons dans la lice que l'Union des œuvres ouvrières catholiques nous a si généreusement ouverte.

Nous lutterons sous son égide et sa bannière, et s'il plait à Dieu, nous ou d'autres, — peu importe la main, pourvu que le drapeau soit vaillamment tenu, — nous vaincrons !

Les hommes des œuvres catholiques peuvent-ils refuser le combat sur quelque terrain que ce soit, art, science ou littérature, quand ils voient le prélat illustre, Fondateur et Président de notre chère Union, lui qui n'a pour lumière ici-bas que son cœur, son intelligence, et sa foi, combattre cependant partout et toujours, au plus fort de la mêlée ?

Marchons sur ses traces, et si nous sommes moins heureux que lui dans nos efforts, nous dirons avec Garcia Moréno :

Vive Dieu quand même !

A. H.

LES

HORLOGES DE PORNIC

COMÉDIE EN TROIS ACTES

COURONNÉE AU CONGRÈS DE BORDEAUX
DE L'UNION DES ŒUVRES OUVRIÈRES CATHOLIQUES
DU MOIS D'AOUT 1876.

PAR A. HERVO

« Se non è bene trovato, e vero. »

PERSONNAGES

CHEVREUIL, avoué-plaidant à la Flèche, en villégiature à Sainte-Marie, près Pornic, 30 ans, taille moyenne, vif et alerte.

LE JUGE DE PAIX de Pornic.

CYRILLE BOISDOUX, huissier, 35 ans, figure placide.

LE GREFFIER de la Justice de Paix.

REGULIER, préposé au bureau des messageries, 50 ans, grand, sec, figure maussade.

BRIDELOUP, conducteur de la diligence de Pornic à Nantes, 40 ans, gras, courtaud, larges favoris.

MICHON, boulanger, 60 ans, mine réjouie, embonpoint.

BERNARD, épicier, 45 ans, air un peu prétentieux.

LUCAS, pêcheur à Sainte-Marie, 25 ans, costume de marin.

Groupe de curieux et de marins.

Un brigadier de Gendarmerie.

La scène se passe à Pornic, au mois de sept. 1867.

———

LES

HORLOGES DE PORNIC

———··⌘··———

PREMIER ACTE

SUR LA PLACE DE PORNIC

On lit sur une maison faisant une partie du fond de la place : « *Messageries nantaises, bureau Régulier.* » Une rue à gauche est supposée venir de la mer et de Ste-Marie-près-Pornic ; une autre à droite est supposée la route de Nantes. Les dépendances du bureau sont censées donner sur cette dernière rue et des grelots agités de temps en temps doivent faire supposer aux spectateurs que la voiture est là et que les chevaux sont prêts.

~~~~~~~~~

SCÈNE PREMIÈRE.

BRIDELOUP, MICHON, BERNARD.

Brideloup sur le milieu de la scène endosse sa peau de bique et se prépare à partir. Son fouet est appuyé à la maison. — Michon regarde à gauche si les voyageurs attendus arrivent. — Bernard est du côté de la voiture. — Ils reviennent sur la scène au bout d'un instant.

MICHON *à Brideloup.*

Ah ça, espèce de Moscovite, vous n'allez pas partir et laisser en plan mes pratiques?

1

BRIDELOUP.

Vos pratiques! quelles pratiques?

MICHON.

Et pardi, ce monsieur qui est venu avec sa dame et leur fils passer une quinzaine à Sainte-Marie. Ils partent aujourd'hui; mon garçon a retenu leurs places hier à votre voiture.

BRIDELOUP.

C'est donc le monsieur, ami du vicaire de là-bas?

BERNARD.

Justement, monsieur Brideloup.

BRIDELOUP.

Et ben, il est plus heureux que moi! il s'est donné du bon temps, et cette cure-là, c'est une bonne auberge. Quand il arrivera, faites-lui mes compliments et offrez-lui ma place. (*Il bourre sa pipe.*) Je suis disposé à prendre la sienne et à lui céder mon siége et mon sapin: (*Il se dirige du côté de la rue à droite.*) Ohé! François, y sommes-nous?

UNE VOIX DE LA RUE.

Oui, mon vieux.

BRIDELOUP.

La *charte*, le sapin, la carriole ou la diligence, comme tu voudras, tout est-il arrimé?

LA MÊME VOIX *toujours de la rue.*

Tout est prêt.

BRIDELOUP.

Les bêtes?

LA VOIX.

Sellées, bridées et la grise s'impatiente. (*On entend des grelots.*)

BRIDELOUP.

Et les gens?

LA VOIX.

Tous emballés comme des sardines, moins les trois voyageurs de Sainte-Marie.

BERNARD.

Vous voyez bien, monsieur Brideloup, attendez un peu.

BRIDELOUP, *sans lui répondre et s'adressant toujours à François.*

Où sont leurs malles?

LA VOIX.

Sous la bache.

BRIDELOUP.

C'est parfait, l'administration n'y perdra rien.

MICHON, *qui pendant ce colloque est allé voir du côté de l'arrivée des voyageurs, revient et se croisant les bras.*

Vieux serpent, tu veux rire, je pense.

BRIDELOUP.

C'est possible, mais j'allume ma pipe et je file proprement.

BERNARD.

Voyons, monsieur Brideloup, attendez encore

un peu, je vous atteste sur mon honneur qu'il n'est pas trois heures sonnées.

BRIDELOUP.

Je n'attends jamais..... que mes chevaux. C'est mon principe. Ça deviendrait curieux s'il fallait s'occuper des voyageurs !

MICHON.

Mais puisqu'on te dit, vieux tigre, qu'il n'est pas l'heure ; va voir à l'horloge tout près ; il manque encore un grand quart d'heure.

BRIDELOUP.

Je ne m'occupe pas de votre horloge.

BERNARD.

Vous avez tort, monsieur Brideloup, car elle est parfaite et ne se dérange jamais.

BRIDELOUP.

Tort ou non, je m'en moque, je ne connais que l'horloge du bureau.

BERNARD.

Mais si elle avance?

BRIDELOUP.

Tant mieux, j'arriverai plus tôt à Nantes. Mais vous m'échauffez les oreilles à la fin. D'ailleurs ça ne vous regarde pas, monsieur l'épicier. Occupez-vous de vos balances et ne vous mêlez pas de mon horloge.

MICHON.

Est-il insolent, cet animal-là?

BRIDELOUP, *sa pipe à la bouche, s'avance du côté de la rue et crie à François.*

François, va voir au bureau quelle heure il est. (*Pendant qu'il tourne le dos à Michon, celui-ci le suit par derrière, lui enlève sa casquette et revient sur le devant du théâtre.*)

BRIDELOUP, *accourant furieux.*

Ah! gros sac à farine, tu vas me payer ce tour-là! (*il s'avance sur Michon, mais celui-ci jette la casquette à Bernard. Brideloup laisse Michon et court après Bernard. Bernard renvoie la casquette à Michon. Jeux de scène.*)

BRIDELOUP, *s'essuyant le front.*

Ah! mille millions de rosses et de kilomètres, ça va-t-il bientôt finir?

LA VOIX DU FOND.

Trois heures vont sonner et pas l'ombre de voyageurs sur la route! M. Régulier dit que vous pouvez partir, si vous voulez. (*Brideloup n'a pas encore sa casquette: pendant qu'il court après l'un, l'autre le tire par sa peau de bique. Il est de plus en plus essoufflé.*)

BRIDELOUP.

Ah! vieux traînards, vous me paierez-ça. (*Tout à coup il pense à son fouet.*)
A moi, Perpignan, les négociants vont la danser! (*Il court le prendre et revient; Michon et Bernard ont abandonné la casquette et se sont esquivés.*)

SCÈNE DEUXIÈME.

BRIDELOUP, *seul, qui se rajuste.*

Enfoncées la farine et les colonies !
Maintenant, bon voyage la compagnie. (*Il fait un petit salut.*) Mes respects aux trois autres et dégageons lestement. (*Il fait un pas pour partir et revient.*) Possible que j'aie tort.... et surtout que je perde un bon pourboire, mais nom d'un tonnerre à la voile, les principes avant tout. Et puis j'aurais l'air d'attendre. (*Il part.*) François, desserre la mécanique et enlevons.

SCÈNE TROISIÈME.

MICHON, BRIDELOUP.

(*Michon qui s'est approché doucement, saisit Brideloup par sa peau de bique.*)

MICHON.

Voyons, Brideloup, faisons la paix et venez que je vous offre la goutte.

BRIDELOUP.

C'est encore vous, vieux blutoir ! — Oui. — Attendez un peu. (*Il saisit son fouet, Michon recule.*) Mes amitiés à vos bourgeois. (*Il sort et on entend des grelots et un instant après le départ de la voiture.*)

MICHON.

Va-t-en donc, brigand, ours, crocodile. Tu ne

vaux pas tes rosses, animal, et si tu ne verses pas
en route aujourd'hui, c'est que le bon Dieu aura
pitié d'elles.

SCÈNE QUATRIÈME.

MICHON, BERNARD.

BERNARD, *qui est rentré.*

Il le mériterait bien, monsieur Michon, et M. Régulier est par trop ridicule de se laisser dominer
par ce butor

MICHON.

C'est toujours comme ça ! Les coquins et les
brutes font plier les autres, et quantité de gens
craignent de les molester, qui ne s'en privent point
vis-à-vis du bon monde. Ça me dégoûte de la société. (*On entend trois heures sonner dans une maison
voisine et des grelots déjà loin.*)
C'est en vérité l'horloge de M. Régulier qui
sonne trois heures ! Ah ! les scélérats, ils partent
avant l'heure du bureau ! Tenez, monsieur Bernard,
je me sauve à la boulangerie, car j'ai la tête en
ébullition. Oui, j'enrage, et il faut que je me venge
au moins sur ma pâte !

BERNARD.

Oui, foi de Bernard, c'est indigne.
Si vous voyez M. Chevreuil, faites-lui signe de
se presser, afin que je lui raconte, d'abord à lui
seul, ce désagréable contre-temps.

MICHON.

Comptez-y, voisin. (*Il s'éloigne en murmurant.*)

Ah! les brigands, les brigands, ils sont partis avant l'heure du bureau!

SCÈNE CINQUIÈME.

BERNARD, *seul, d'un ton réfléchi.*

Je crois m'entendre comme un autre dans·le commerce de l'épicerie et des denrées coloniales. J'ai fait deux années de latin et travaillé six mois chez un notaire. Je suis conseiller municipal et j'espère devenir marguillier! mais, foi de Bernard, cette question des horloges me plonge dans un océan de perplexités!

L'un dit : je ne connais que l'horloge de mon bureau! Dame, c'est possible et il a peut-être raison! Qui empêche le voyageur de régler sa montre à l'avance sur cette horloge. Ah! mais je parie que le cousin de Mme Bernard, qui est avocat à Domfront, plaiderait très-bien çà.

Mais si le voyageur n'a pas de montre! Comment faire?

Et puis si le voyageur soutient qu'il ne connaît, lui, qu'une heure et qu'une horloge à Pornic, l'heure et l'horloge publiques? Que répondre à cela? — Pas grand'chose en vérité.

Seulement, qu'arriverait-il si M. Régulier affirmait que son horloge va bien, et que celle de la ville au contraire bat la breloque! Dame, il faudrait bien, je pense, faire juger la question par des savants qui examineraient le soleil. Mais si en attendant les experts, les horloges se brouillaient!

Ah! quelle affaire! quelle affaire!

Ma tête s'embrouille dans toutes ces horloges.

J'en écrirai bien sûr au cousin de Mme Bernard.
Je veux avoir son idée là-dessus. (*Il entend des pas,
regarde de ce côté, fait signe de se hâter et revient.*)

C'est M. Chevreuil! Il ne se doute de rien!
Dans quel état cette nouvelle va le mettre!

Sapristi! qu'elle affaire!

SCÈNE SIXIÈME.

BERNARD, CHEVREUIL, puis MICHON.

Chevreuil entre joyeux et dégagé sur la place, une valise
à la main; M. Michon le suit; Chevreuil ne remarque
pas l'air embarrassé de Bernard et de Michon.

CHEVREUIL.

Ah! messieurs, vous êtes vraiment trop aimables de vous être dérangés pour venir nous dire
adieu. Quelle bonne opinion, quel délicieux souve-
nir nous emporterons de vous et du pays!

Jamais je n'avais trouvé si jolie la route de
Sainte-Marie à Pornic. Je ne pouvais me lasser
d'admirer le paysage et sans ma femme, qui craint
toujours de manquer le train ou la voiture, j'y
serais encore!

Voyons, père Michon, vous n'avez pas mis au
four votre bonne humeur. (*Il tire sa montre et
regarde l'heure*) Trois heures moins dix! Avant que
la voiture ne parte, j'ai bien le temps de vous
offrir quelque chose.

Mais vous avez tous les deux un air tragique!
Je commence à m'inquiéter! Parlez donc? Est-il
arrivé un malheur chez vous en ville?

MICHON.

Monsieur Bernard, expliquez donc cela.

BERNARD.

Non, monsieur Michon, j'aime mieux que ce soit vous.

CHEVREUIL.

De grâce, dépêchez-vous.

MICHON.

Oui, autant vider le sac tout de suite, car ça m'étouffe, ah! les brigands, les brigands!

CHEVREUIL.

Voyons, monsieur Michon, calmez-vous! vous savez bien que pour les hommes gras, la colère est un cas d'apoplexie! à la bonne heure pour les gens maigres comme moi; ça entretient la bile et la santé.

MICHON, *débordant.*

He ben, ma foi, ça se trouve joliment, car on a à vous dire que la voiture est partie sans vous!

CHEVREUIL, *étonné.*

La voiture est partie?

MICHON.

Positivement partie. Nous avons eu beau les prier d'attendre, amuser le conducteur, lui faire observer qu'il n'était pas trois heures, il est parti depuis plus de cinq minutes et vos bagages avec.

CHEVREUIL.

Mes bagages aussi?

MICHON.

Vos bagages aussi. Et l'animal qui conduisait les chevaux s'est encore moqué de vous et des prêtres de Sainte-Marie par-dessus le marché.

CHEVREUIL.

C'est tout à fait ravissant. Le procédé est d'un fort bon comique et du meilleur goût. (*Il tire sa montre.*)
Nom d'un bleu, il n'est pourtant encore que trois heures moins dix minutes!

BERNARD.

Oui, monsieur, c'est bien l'heure de l'église.

CHEVREUIL.

Et oui, j'ai vu l'heure en passant. (*Il tire son bulletin et lit lentement.*)
« Départ à trois heures précises. » (*Il réfléchit un instant.*)
Est-ce bien leur habitude, de partir ainsi avant l'heure?

BERNARD

Non, monsieur, mais cela leur arrive cependant de temps à autre, et la semaine dernière ils ont laissé, comme vous, une pauvre femme dans l'embarras.

MICHON.

Oui, ma parole; sans des personnes charitables, elle aurait été obligée de coucher à la belle étoile, car elle n'avait pas un sou.

CHEVREUIL, *à part.*

Tiens, tiens, tiens, une idée! je vais donner une leçon à ces citoyens-là qui se moquent si bien des vieilles femmes, des curés et de leurs amis. (*Changeant de ton.*) Dites-moi. messieurs, y a-t-il deux horloges publiques à Pornic?

LES DEUX ENSEMBLE.

Non, monsieur, il n'y a que celle de l'église.

CHEVREUIL.

J'en suis charmé et cela me suffit. (*D'un ton souriant.*) Vous avez sans doute ici un juge de paix et un huissier?

MICHON.

Oui, monsieur, nous avons toute la confrérie et c'est du bon monde, allez.

CHEVREUIL.

C'est plus que parfait.

Maintenant, messieurs, rira bien qui rira le dernier.

Monsieur Michon, ayez l'obligeance, je vous en prie, d'aller au-devant de ma femme que je vois d'ici. Dites-lui la chose, mais recommandez-lui de ne pas se tourmenter et de m'attendre quelques instants à l'église ou chez vous. J'ai un projet pour passer très-agréablement la soirée.

MICHON.

Ça suffit.   (*Il sort*).

SCÈNE SEPTIÈME

CHEVREUIL, BERNARD.

CHEVREUIL.

Vous, cher monsieur Bernard, veuillez rester une minute avec moi. J'ai un mot à dire au directeur du bureau. C'est là sans doute?

BERNARD.

Oui, monsieur.

CHEVREUIL.

Tiens, l'enseigne porte : Bureau Régulier !

BERNARD.

C'est le préposé qui s'appelle ainsi.

CHEVREUIL.

Le nom est singulier pour un homme dont la voiture part avant l'heure. Enfin, tous les noms sont dans la nature. (*Il frappe à la porte.*)

UNE VOIX ROGUE, *de l'intérieur.*

Entrez.

CHEVREUIL, *entr'ouvrant la porte.*

Monsieur le directeur du bureau des Messageries pourrait-il sortir un instant?

LA MÊME VOIX.

Oui, monsieur, on y va,

SCÈNE HUITIÈME

CHEVREUIL, BERNARD, RÉGULIER.

RÉGULIER, *d'un ton sec après avoir fait quelques pas.*

Me voici à vos ordres, monsieur.

CHEVREUIL, *d'un ton gracieux et se découvrant.*

Vous êtes trop bon, monsieur, je voulais seulement vous offrir une chartreuse, ainsi qu'à monsieur Bernard, avant le départ de la voiture de 3 heures !

RÉGULIER, *un peu interdit.*

Avant le départ... de la voiture... de 3 heures ?

CHEVREUIL, *toujours gracieux.*

Oui, monsieur. C'est moi qui ai fait arrêter hier trois places pour Nantes.

RÉGULIER.

Dame, monsieur, ça me contrarie de vous le dire, mais la voiture de 3 heures est partie.

CHEVREUIL, *souriant.*

Vous plaisantez, monsieur, venez donc avec nous et acceptez mon invitation.

RÉGULIER.

Encore une fois, monsieur, la voiture est partie.

CHEVREUIL.

Allons, allons, c'est pas possible, vous voulez rire et vous parlez de celle d'hier.

RÉGULIER.

Non, monsieur, celle d'aujourd'hui.

CHEVREUIL.

Celle d'aujourd'hui, 3 heures?

RÉGULIER.

Oui, monsieur, vous arrivez trop tard.

CHEVREUIL, *s'animant.*

Trop tard et il est 3 heures moins 10 ! Elle est forte cette raison-là ! Comment, pour la première fois de ma vie, j'arrive 10 grandes minutes avant l'heure et il est trop tard, et la voiture est partie ! Soyons sérieux, monsieur Régulier... Voici votre bulletin. Vous savez lire sans doute? Moi aussi : départ à 3 heures précises. Hé bien, daignez me dire sur quelle horloge je dois me baser pour savoir quelle heure il est ?

BERNARD.

En effet, monsieur Régulier, il faut s'expliquer.

CHEVREUIL.

Oui, il convient de nous expliquer cela régulièrement.

RÉGULIER.

Dame, il faut venir voir au bureau. (*L'horloge du bureau sonne* 3 *heures.*)

CHEVREUIL.

Hé bien ! les voilà ! Il ne manque plus que la voiture et les chevaux !

RÉGULIER.

Ah mais ! permettez-moi de vous faire observer

que ma pendule est à répétion. C'est le second coup.

CHEVREUIL.

Admettons. Ainsi c'est votre horloge qui règle le soleil, la lune et les étoiles et aussi les voyageurs de Pornic ! Faudrait afficher cela à la porte et sur les bulletins.

RÉGULIER.

Je ne connais que l'horloge de mon bureau.

CHEVREUIL.

Et même vous partez avant qu'elle ait gémi ses deux coups ! Tenez, permettez-moi de vous dire que la chose est extrêmement comique et que je n'aurai point assez d'un jour pour en rire.

Provisoirement, veuillez me faire remettre mes bagages.

RÉGULIER.

Ça me contrarie, monsieur, mais la voiture est partie avec.

CHEVREUIL.

De mieux en mieux. Tout est régulier ici, on laisse les voyageurs et on emporte les malles et on répond : « ça me contrarie. » Et moi donc !

RÉGULIER.

Oui, monsieur, ça me contrarie, car je crois qu'à Nantes vous devrez payer les places pour avoir vos colis !

CHEVREUIL.

Du **coup,** cher Monsieur, je tombe radicalement

en extase ; ce n'est plus comme chez Nicolet, de
plus en plus fort ! c'est de plus en plus régulier.
Nous n'allons pas nous fâcher ?

RÉGULIER.

Je le désire, monsieur, d'autant plus que c'est
Brideloup qui a causé l'affaire.

CHEVREUIL.

Hein ! c'est la faute à Brideloup maintenant.
Quel Brideloup ? Si c'est votre horloger, il ferait
bien de serrer la bride à votre horloge.

RÉGULIER

Vous confondez, monsieur ; Brideloup est le
conducteur de la diligence.

CHEVREUIL.

Voici, j'espère, le dernier coup de pinceau. Dé-
sormais le tableau ne me laisse plus rien à dé-
sirer.

Comment, monsieur, vous osez confier votre
voiture à un particulier du nom de Brideloup ! Ah !
gardez-le à votre service, si cela vous plaît ; faites-
lui conduire des loups, des ours ou des droma-
daires, mais des voyageurs honnêtes, ça ne se fait
pas ! *(Saluant Régulier.)* Merci, monsieur, de vos
renseignements et du guide Brideloup que vous
vouliez m'imposer.

Un mot d'affaires avant de nous quitter.

RÉGULIER.

Je suis à vos ordres, monsieur.

CHEVREUIL.

J'en suis bien aise et je l'entends ainsi. Veuil-

lez donc mettre incontinent une voiture des messageries à ma disposition, aux frais de l'administration, bien entendu.

RÉGULIER.

Ah! pour ça, non, monsieur, c'est impossible.

CHEVREUIL.

Tout à fait impossible?

RÉGULIER.

Absolument impossible. Comment voulez-vous.
Il faudrait soumettre le cas à l'administration,
attendre la réponse, etc., etc.....

CHEVREUIL.

Vous dites vrai, c'est difficile, d'autant plus que
je n'éprouverais qu'un charme incertain à camper
ici deux au trois jours, sans avoir même un bonnet de nuit pour abriter ma tête. Je préfère donc
une indemnité et en vous demandant 30 ou 40 fr.,
je crois être fort raisonnable.

RÉGULIER.

Une indemnité! jamais, monsieur; c'est une
question de principe.

CHEVREUIL.

Je n'insiste plus et vais me retirer, emportant
au moins la satisfaction d'avoir fait connaissance
avec la sévérité de vos principes et l'irrégularité
de votre administration.

Maintenant, cher monsieur, vous comprenez,
n'est-ce pas, qu'il faut bien que j'emploie mon
temps cet après-midi?

RÉGULIER, *se croyant quitte à bon marché et devenant presque gracieux.*

Oui, monsieur, je le conçois, monsieur peut aller à la Noé-Veillard, au port, à Sainte-Marie ?

CHEVREUIL, *l'interrompant.*

Vous êtes très-aimable, mais le pays n'a plus rien à m'apprendre. J'aime mieux tâcher de vous faire comprendre quelle heure il est quand midi sonne.

RÉGULIER, *se redressant.*

Monsieur plaisante, sans doute ?

CHEVREUIL.

Pas tout à fait, et pourtant je n'aurai jamais un sujet plus propice, ni des personnages plus convenables. Je vais simplement vous faire un procès pour m'occuper. (3 *heures sonnent à l'église.*) Il n'est encore que 3 heures, Monsieur Régulier ?

BERNARD.

Vous entendez, monsieur Régulier ?

RÉGULIER.

Laissez-moi tranquille, monsieur Bernard.

CHEVREUIL.

Jusqu'au procès... inclusivement.

RÉGULIER.

Un procès ?

CHEVREUIL.

Oui, monsieur, sur ce, au revoir, et gardez-vous
des embûches de Brideloup et des horlogers.

RÉGULIER, *s'irritant*.

Comment vous auriez la prétention de me faire
un procès !

CHEVREUIL.

Hélas ! oui, j'ai fait ce rêve. Un petit procès
dans les formes, tout à fait régulier... A.. bientôt.
(*Il sort.*)

La toile tombe.

DEUXIÈME ACTE

CHEZ L'HUISSIER

Atelier de menuiserie sur le devant du théâtre. Au fond, à gauche, un petit bureau avec un chandelier en bois, deux ou trois cartons et quelques livres.

~~~~~~

SCÈNE PREMIÈRE.

L'HUISSIER, *seul*; *il cire une table.*

Diable de père Michon, rien qu'à l'entendre parler d'un procès avec Brideloup ou son maître, je sue à grosses gouttes et la migraine m'attrape. Et cette table (*il se croise les bras devant*) qu'on attend pour demain dimanche ! Si je suis dérangé, jamais elle ne sera prête. En vérité, je suis trop malheureux ! Pour me consoler, le procureur qui m'adressait des pièces ce matin, me félicite sur mon écriture, mais m'engage à refaire connaissance avec l'orthographe ! Je voudrais bien le voir à ma place. (*Il cire un instant, puis s'arrête.*) Oui, il ne me manquerait plus que d'avoir un monsieur étranger sur les bras ! Si le père Michon croit m'avoir séduit par le tableau qu'il m'a fait de sa pratique, il se trompe singulièrement. D'abord je n'aime point les gens maigres, c'est trop vif. Et puis ma pauvre mère me tourmente pour que j'engraisse. Elle prétend que j'ai un fond de chagrin. Pardi non, pourtant. Il n'y a que la chicanc qui m'abîme le caractère et le tempérament.

Tout ce que le bon Dieu fait est bien fait, je le sais, mais je ne sais en vérité pas s'il a fait les huissiers.

> Non, la justice n'est pas juste,
> J'aime mieux la menuiserie !

(*Il siffle et s'anime au travail*).

(*On frappe à la porte*). Ah ! sapristi, je parie que c'est le bourgeois au père Michon ! Je préfèrerais les gendarmes.

Mon Dieu, que faire, que devenir ?

Si je m'esquivais par le fond... oui, c'est çà, vite, sortons et sauvons-nous. (*En se hâtant trop, il fait tomber du bois et des outils, ce qui fait un bruit infernal. S'arrêtant court et levant les bras au ciel.*) Ah ! malheur ! plus moyen maintenant ; on m'a entendu. (*On frappe de nouveau et plus fort.*) La justice sera cause de mon enterrement. (*D'une voix altérée.*) Entrez !

SCÈNE DEUXIÈME.

BOISDOUX, CHEVREUIL

CHEVREUIL, *d'un air aimable*,

C'est ici la demeure de M⁰ Boisdoux, huissier ?

BOISDOUX, *regardant un peu noir et d'un ton sérieux et triste* :

Oui, monsieur...

CHEVREUIL,

Pourriez-vous me dire où est son étude ?

BOISDOUX.

C'est ici, monsieur...

CHEVREUIL.

Ici ?

BOISDOUX.

Oui, monsieur...

CHEVREUIL.

Ah ! je comprends, mon brave homme, vous êtes à réparer la maison ?

BOISDOUX.

Non, monsieur, c'est des meubles que je façonne.

CHEVREUIL.

Alors, je me trompe, et ce n'est pas ici l'étude de Mᵉ Boisdoux ?

BOISDOUX.

Mais si, monsieur.

CHEVREUIL.

Nom d'un bleu, mon bonhomme, savez-vous bien que je ne suis pas là pour deviner des charades ?

BOISDOUX.

Je ne vous prie pas d'en deviner non plus, monsieur.

CHEVREUIL.

Alors, l'ami, dites-moi simplement si je suis vraiment chez Mᵉ Boisdoux et où il est ?

BOISDOUX.

Hé bien ! monsieur, vous êtes vraiment chez Me Boisdoux et c'est moi-même !

CHEVREUIL, *d'un air de doute.*

Voyons, voyons, cher monsieur, n'abusons pas du comique; çà deviendrait invraisemblable.

SCÈNE TROISIÈME.

LES MÊMES, MICHON.

CHEVREUIL, *s'élançant vers Michon dont il serre les bras.*

Monsieur Michon, vous êtes ma providence! vous allez me sauver la raison. Jugez plutôt.

Déjà mon cerveau est horriblement fatigué de voir qu'à Pornic on a 3 heures précises à 3 heures moins un quart. Pour éclairer ce point douteux, je cours après un huissier. On me montre cette maison, et l'on m'assure qu'il est chez lui. J'arrive, je frappe; j'entends un soliloque mêlé de soupirs. Je *refrappe* et un bruit infernal me répond. Enfin une voix altérée me dit d'entrer. Je m'introduis avec une certaine prudence, et, au lieu de l'huissier que je cherche, je n'ai plus qu'un ébéniste, et le dit ébéniste, élevé à l'école des monosyllabes, s'entête à me soutenir qu'il est Me Boisdoux, huissier ! ! ! (*Il se pose carrément devant M. Michon en finissant cette période.*)

MICHON.

C'est pourtant clair.

CHEVREUIL.

Clair, mon Dieu ! où donc est l'obscur, en ce cas ?

MICHON.

Ici, voyez-vous, les procès sont rares, et entre nous, c'est un peu par la faute de ce brave garçon qui aime mieux se déranger quatre fois, pour arranger une affaire, que d'aller porter une citation. Et alors quand on n'est pas paresseux, quand on ne veut faire ni dettes, ni dupes...

CHEVREUIL.

J'y suis, j'y suis, c'est clair en effet, on se fait menuisier avec ! Jamais M. le garde des sceaux n'aurait trouvé cette solution !

MICHON.

Je parie que Mᵉ Boisdoux a eu peur de vous et de votre procès et qu'il voulait se sauver à votre approche, quand vous avez entendu du bruit ?

CHEVREUIL.

Pas possible ?

BOISDOUX.

Ma foi, monsieur, excusez-moi, mais c'est la vérité.

CHEVREUIL.

Ah ! terrible homme, vous ne savez donc pas que j'adore les huissiers ! En preuve, je me précipiterais à l'instant dans vos bras, si vous ne sentiez pas si fort la colle et le sapin.

Serrons-nous toujours solidement les pha-

2

langes. (*Il se recule devant lui souriant d'admiration.*)

Ah! cumulard, ah! riche homme, aussi maigre qu'il est honnête! Vous avez ma vénération.

MICHON.

Sac à farine, ça m'attendrit; voyons, monsieur Cyrille, déridez-vous un peu.

CHEVREUIL.

Cyrille! Cyrille! il s'appelle Cyrille!
Mais trève aux sentiments, aux longs discours et à la menuiserie, et venons au fait qui me donne le bonheur insigne de contempler l'originalité de votre intérieur.

MICHON.

Mon pauvre monsieur Cyrille, je vous l'avais bien dit. Avec ces têtes là, faut que ça marche et ils auraient du plaisir à se faire cuir au four, si c'était leur idée. Les procès, c'est comme la guerre, les uns marchent en rechignant, d'autres vont là comme à la noce.

CHEVREUIL.

Justement.

MICHON.

En attendant je vous offre mes respects, du courage et de l'agrément. (*Il va pour partir.*)

CHEVREUIL, *d'un ton grave.*

Ah! pas de ça, Lisette! monsieur Michon, je me bats en duel ce soir, et j'ai besoin de témoins.

BOISDOUX.

Un duel! Il ne manquait plus que cela pour m'endommager la tête!

CHEVREUIL.

Calmez-vous, Cyrille, c'est un duel au papier timbré.

MICHON.

C'est ça, c'est ça, quand le pain est cuit, faut défourner.

CHEVREUIL.

Précisément. (*S'adressant à M. Boisdoux.*) Le voisin vous a sans doute conté l'affaire?

BOISDOUX.

Oui, Monsieur.

CHEVREUIL.

Très-bien, c'est une économie de paroles, quoique les avocats n'en soient pas chiches.

Arrêtons maintenant le programme de la soirée. (*Il tire sa montre et se parle à lui-même.*)

L'affaire se plaide à 7 heures.

Il est 3 heures et demie. Il faut assigner entre 4 et 5 heures.

BOISDOUX.

Mais, monsieur, c'est tout à fait impossible!

CHEVREUIL.

Connais pas ce français-là. Et puis c'est et ce sera comme cela!

MICHON.

Sac à farine, ça me renverse! Pas seulement le
temps de chauffer mon four et l'affaire va être
faite et finie! (*Il tire son bonnet.*) Ah! mais, excusez; quand je vous livrais du pain, je ne savais
pas de quel bois vous vous chauffiez!

CHEVREUIL, *emphatiquement.*

De la loi, monsieur Michon.

MICHON.

Brrr! ce mot-là est froid comme la justice.

BOISDOUX.

Enfin, monsieur, vous savez bien qu'il faut
observer des délais!

MICHON.

Tenez, monsieur Cyrille, m'est avis qu'il est de
la partie, — pas du sapin — de l'autre, et que vous
feriez bien de lui tirer votre bonnet!

CHEVREUIL.

C'est pas la peine. Je suis simplement avoué
plaidant à la Flèche pour vous servir.

BOISDOUX, *saluant.*

Excusez-moi, monsieur,

MICHON, *à Boisdoux.*

Quand je vous le disais! (*Se tournant vers Chevreuil.*) Tapez-là, vous êtes mon homme! Moi qui
croyais que dans ce pays, il n'y avait que des

poulardes ! Je vois qu'il s'y trouve aussi de fameux lapins.

CHEVREUIL, *d'un petit air de remontrance.*

Je m'appelle Chevreuil, vous savez.

A nous deux, monsieur Cyrille ! vous soupçonnez bien qu'il existe dans le code de procédure des articles qui permettent .d'abréger les formalités dans les cas urgents?

BOISDOUX.

Oui, j'en ai entendu parler, mais mon code est si vieux, si vieux.....

CHEVREUIL.

Ça ne fait rien. J'ai connu un excellent président qui n'a jamais fait coucher sous son toit qu'un vieux code de 1812, et qui jugeait tout comme un autre.

MICHON.

C'est peut-être comme dans ma partie, où les mitrons sont plus nombreux que les vrais boulangers.

CHEVREUIL.

Attention, père Michon ! Vous savez qu'il ne faut pas plaisanter avec la justice.

MICHON.

Sapristi non, aussi je tais mon bec.

CHEVREUIL.

Huissier, mon brave, calmez vos craintes, j'ai

2.

vu monsieur le juge de paix, et, ma foi, il m'a
paru fort aimable.

MICHON.

Ah! dame oui, Monsieur. — Pornic n'a pas
beaucoup de Brideloup, allez!

CHEVREUIL.

Je le souhaite éperdûment. En attendant,
monsieur Cyrille, voici notre affaire : une ordonnance qui abrège tous les délais! avec elle nous
allons plaider à la vapeur.

Michon, mon vénérable ami, souvenez-vous
que la loi, c'est comme la mer; tout s'y trouve.

MICHON.

C'est la vérité, mon avocat, mais il faut avoir
une rude boussole et connaître la navigation et
encore gare les rochers et les bas-fonds.

CHEVREUIL.

Naturellement.

Allons, Cyrille, trève à la table et vernissons
une bonne citation.

BOISDOUX.

Voilà la migraine de l'affaire : et puis nous
allons mettre Pornic en révolution. Ça va être
pire qu'une retraite aux flambeaux.

CHEVREUIL.

Beaucoup plus beau, Cyrille ! (*L'huissier sourit.*)
Vous souriez, à la bonne heure.

BOISDOUX.

Je n'ai pourtant pas envie de rire, Il faudrait
que ma table fût prête ce soir.

CHEVREUIL.

A cela ne tienne, adorable ébéniste.

Donnez-moi seulement du papier timbré, un
sabre, un fusil, de la mitraille et généralement ce
qu'il faut pour écrire. (*Il regarde partout, cherche
et voit un petit bureau au fond. Il empêche Cyrille de
se déranger et se dirige vers le bureau.*)

Tiens, c'est vrai, l'étude est là, au fond, relé-
guée au second plan ! La plume cède le pas au
rabot, le papier au sapin ! admirable ! admirable !
(*Il s'assied et soulève le pupitre*).

Pas d'indiscrétion, n'est-ce pas ? Si pourtant
j'allais trouver là des poulets parfumés ?

MICHON, *qui s'approche.*

Pas de danger.

CHEVREUIL.

Voilà toute l'artillerie en ordre !
       Il prend une feuille et commence.
Maintenant, Cyrille :
Polissez la sans cesse et la repolissez.
L'an mil huit cent soixante-sept, le...
A la requête de...
. Nom d'un bleu, mais on est comme un juge
ici. Par exemple je n'y vois goutte. Mettons un
peu la lumière sur le boisseau.

Ah ! voici toujours un chandelier en bois (*il le
montre*), genre charpente, style Robinson ! Par-

fait ! Une chandelle de 16 à la livre ! hum, c'est chiche, mais je vais la brûler par les deux bouts

Père Michon, vous, mon guide, ma lumière, mon flambeau, allumez-moi ma chandelle. (*Il la présente à Michon qui l'allume.*)

Mon Dieu, quel pays, quelle pâte, quelle crème ! J'y viendrai finir mes jours.

BOISDOUX, toujours cirant.

Sans vous commander, cher maître, faudrait peut-être vous presser.

CHEVREUIL.

N'ayez pas peur, âme craintive et tendre, ça cuit ! (*Michon pose la chandelle allumée.*)
A la requête de maître Jean-Baptiste Chevreuil.

MICHON.

Tiens, c'est un nom de baptême de chez nous. C'est-il fâcheux que vous soyez Manceau ! Je voudrais que vous fussiez Breton ; je serais votre compatriote !

CHEVREUIL, quittant sa place et s'avançant comme pour l'embrasser.

Tu l'es, digne Michon, je suis de la Loire-Inférieure. Pardonnez-moi l'honneur que je me fais de vous tutoyer, mais vous prenez le chemin de mon cœur, comme un navire à la voile ! (*A part.*) Diable, je pince la guitare comme dirait le confrère Chauvin ! Revenons à la situation comique du moment, c'est plus séducteur.

BOISDOUX.

Et l'exploit, maître, et l'exploit !

CHEVREUIL.

Cyrille, mon Cyrille, je m'y précipite ! *Il retourne au bureau.*

MICHON.

Je m'en doutais ; un Manceau tout seul ne serait pas si malin mais greffé de Breton ! Ah sac à farine, quelle pâte ça fait !

Ecoutez, ma tête en bout ! Faut que j'aille prendre l'air et conter l'affaire à la mère Josette et aux voisins ; il n'y a pas de mal à ça, notre avocat? (*Il lui tire son bonnet.*)

CHEVREUIL, *sans se détourner.*

Du tout, du tout. Parlez toujours, les avocats ne connaissent que cela !

MICHON.

Hé bien, je vous promets que les langues vont marcher et que toute la ville de Pornic va être sur le pont à 7 heures. (*En s'en allant.*)

Brideloup, Brideloup ! Te voilà mal pris, mon vieux moscovite. Enfin faut bien qu'il en coûte pour mettre son horloge à l'heure. Au lieu d'aller chez l'horloger, M. Régulier ira chez le juge de paix.

CHEVREUIL.

Je retiens celui-là, père Michon. (*Il écrit.*) « Attendu que... le sieur Régulier ou le sieur Bride-« loup, son conducteur...

MICHON, *murmure en s'en allant.*

Ah! bon sens, la belle affaire! au revoir la compagnie.

CHEVREUIL.

Adieu, incomparable Michon! que la farine vous soit propice!

SCÈNE QUATRIÈME

CHEVREUIL, BOISDOUX.

CHEVREUIL, *toujours écrivant.*

Nous allons voir qui va finir le premier sa besogne. (*Un moment de silence, où l'on entend Boisdoux cirer et Chevreuil marmotter.*)
Entre nous, à qui donnez-vous la préférence, au porte-plume ou au rabot?

BOISDOUX.

J'aime mieux le rabot.

CHEVREUIL.

Savez-vous bien, Cyrille, que vous êtes un philosophe de première classe. Cincinnatus, dans son genre, n'était que de la Saint-Jean auprès de vous. — Pour la copie que je vais vous faire, car j'ai fini l'original, je vous supplie de m'octroyer votre photographie.

BOISDOUX.

Et chez vous, maître Chevreuil, mes confrères -vont-ils en carosse?

CHEVREUIL.

Hélas non! pas même en vélocipède! J'avais ouvert une souscription pour les doter de ces renversants bicycles, mais mon projet, comme les ports de Brest, n'a pas réussi.

BOISDOUX.

Mais tout de même, vivent-ils?

CHEVREUIL.

A peu près comme les naufragés de la Méduse; en se mangeant entr'eux! c'est-à-dire que les survivants se nourrissent des morts qui ne peuvent être remplacés!

BOISDOUX.

Alors ils arriveront avec le temps à la menuiserie?

CHEVREUIL.

J'en ai peur, mais quittons ce lugubre sujet qui me fend l'âme de travers.

Parlez-moi du fisc! En voilà un gaillard né sous une belle étoile. Comme le lys de la vallée, il ne travaille ni ne file et il entretient des armées.

N.....i... ni, j'ai fini! En route à présent, digne enfant de Thémis. Volez vers votre ami, l'iroquois Régulier et déposez-lui sans retard ce poulet couvé dans mon sein. (*L'huissier pendant ce temps a quitté son travail et sa blouse et pris un paletot dans un placard.*)

BOISDOUX.

Me voici en huissier, comment me trouvez-vous?

CHEVREUIL.

Presque aussi bien qu'en ébéniste . (*Boisdoux prend les copies et les signe et va pour sortir.*)

BOISDOUX.

Ah ! sapristi, j'oubliais ; il faut collationner l'original et la copie.

CHEVREUIL, *étendant le bras d'un air de mélodrame.*

Pour ça, jamais... La collation ne convient qu'aux infirmes et je défends de cette injure les actes de ma fabrique.

BOISDOUX.

Mais les contraventions... les amendes...

CHEVREUIL, *d'un air tragique.*

Du fisc, j'en réponds.

Allez en paix et partez vite. Je garantis le tout bon teint, bon poids, bonne mesure, mais modestement écrit.

BOISDOUX, *qui va pour sortir regarde sa table d'un air attristé.*

Ah ! ma pauvre table ! Jamais elle ne sera prête pour demain matin !

CHEVREUIL, *saisissant le tampon et le montrant triomphant.*

Si, morbleu ! — Cyrille, vous avez conquis mon cœur ! à vous toute la force de mon bras ! (*Il frotte.*)

BOISDOUX, *sortant et riant.*

Cher maître, prenez-garde à vos manches ! (*Il sort.*)

SCÈNE CINQUIÈME

CHEVREUIL, *seul.*

(*Il frotte un instant, puis il s'essuie le front et s'arrête.*) Excusez la compagnie, je me repose un peu. Ah! mais, c'est rudement esquintant la menuiserie! (*Il se croise les bras et vient devant la scène.*)

Que pourront bien dire mes confrères quand je leur conterai l'aventure, que je, pourrai encore embellir un peu, bien entendu! Les scélérats sont capables de crier à l'impossible!

Et pourtant est-ce assez vrai et assez réussi? Quand j'y songe, la bonne humeur me renverse!

Arrivé à trois heures moins un quart et manquer la voiture de trois heures! Faire jaillir de cette question des horloges un procès subit, comme d'un rocher une étincelle. Apparaître soudain en régulateur judiciaire! venger la veuve abandonnée! Berner Brideloup et son maître, qui molestent les cléricaux! Découvrir un nouveau genre parmi les bipèdes, l'huissier ébéniste! Révolutionner Pornic! Y faire, à moi tout seul, autant de bruit qu'un régiment qui passe! Assigner à cinq heures, plaider à sept, vaincre et souper à huit avec un appétit de Gargantua!

Nom d'un bleu! je suis un petit Titus et puis proclamer à l'univers que je sais employer mon temps! (*Il revient à la table et frotte de nouveau. Au bout de quelques instants, pendant lesquels il souffle bruyamment, il s'arrête et fait un nouveau repos.*)

C'est égal, Cyrille a une idée vraiment splendide et penser que pour moi, avoué, ce serait encore plus agréable et plus utile de manier le

3

maillet, la scie ou le rabot! Vrai, je suis capable
d'installer à mon retour un établi dans mon étude!

Aurais-je trouvé trop réfractaires les crânes de
mes magistrats? Sitôt revenu de l'audience, je
bondirais sur un maillet et martellerais sans pitié
lesdits crânes, en effigie... pour calmer ma rage!
Vlan, vlan, vlan (il frappe).

Quand j'aurais besoin de monter une scie à un
mien confrère, je saisirais l'instrument et me
ferais la main en grinçant des dents!

Et dans les questions rebelles, au lieu d'envoyer
à Pluton la justice et les clients, la loi, ses légis-
lateurs et ses interprètes, je prendrais le tampon
et j'essaierais une suée salutaire pour dégager
mon cerveau!

Allons, cirons un peu (il cire), car j'ai besoin de
quelques idées nettes... dans mon affaire des horloges... ouf... sans oublier le mot pour rire!

(Il cire toujours.) Quel triste métier tout de
même! (il s'essuie) et l'infernal Boisdoux... aime
encore mieux ça que son office ministériel!..

Si le ministre de la justice savait cela... il n'en
serait pas flatté!

Mon ministre à moi tarde bien... Hum, je l'ai
envoyé chez un demi sauvage! Si on allait me
le supprimer! Ah! Cyrille, Cyrille! (il cire) dans
quel état me réduit mon enthousiasme pour toi!
(Il cire avec rage.)

Reviens, Cyrille, tes vingt-huit sous sont bien
gagnés!

Oui, le cher homme, il a vingt-huit sous pour
son exploit et un nombre presqu'infini de dé-
marches!

Vingt-huit sous! quand il faudra bientôt payer
ça pour faire cirer ses bottes!

A moi le maillet, car ça m'enlève (*il le prend et frappe, puis le jette*).

Après tout, l'affaire regarde M. le garde des sceaux ! Il aura toujours la ressource quand les huissiers manqueront (et leur graine me paraît moins sûre que celle des plaideurs), de faire condamner les gens, comme peine spéciale ou supplémentaire, à quelques années de travaux d'huissier forcés ! (*On frappe vivement.*)

C'est trop fort pour M. Boisdoux, ce coup-là ! Hé bien, ses clients ne sont pas gênés ! (*grossissant la voix*) entrez.

SCÈNE SIXIÈME

CHEVREUIL, LUCAS.

CHEVREUIL, *reconnaissant Lucas.*

Quoi, c'est toi, Lucas au bras nerveux, quel bon vent t'amène à bord de cette galère !

LUCAS.

C'est notre vicaire, M. l'abbé Samuel. Il est indisposé, et m'a envoyé vous dire de venir le voir, puisque vous avez, paraît-il, manqué la voiture.

CHEVREUIL.

Impossible, mon brave, car si la voiture m'a manqué, je suis en train de ne pas manquer l'administration de la voiture.

Je plaide, Lucas! J'assigne !!! Aimerais-tu cela, toi?

LUCAS.

Nenni, monsieur. C'est pas mon élément! J'ai eu assez de mal déjà à trouver cette gabarre à chicane. Sans le père Michon, je serais encore en panne! J'ai quasiment eu peur en entrant ici. Est-ce vous qui parliez tout seul et qui tapiez si fort?

CHEVREUIL.

Oui, je me faisais la voix et la main pour museler convenablement ce soir Brideloup et son maître!

LUCAS.

Ah! dame, si c'est ça, j'en suis et les camarades du port aussi, car ce terrassier se moque souvent des marins et faut que ça finisse.

Mais, sauf votre respect, on n'a pas besoin des huissiers?

CHEVREUIL.

J'aime mieux lui administrer la frottée judiciairement.

LUCAS.

Connais pas ce genre-là!

CHEVREUIL.

Ça ne fait rien, puisque je m'en charge. (*On frappe doucement*). Ce coup-là est de M. Cyrille.

Entrez (*il va à sa rencontre*). Attends un peu, Lucas.

SCÈNE SEPTIÈME

CHEVREUIL, LUCAS, BOISDOUX.

CHEVREUIL.

Hé bien? le sieur Régulier est-il content de son image?

BOISDOUX.

Pas trop, et ça ne va pas tout seul! D'abord le dit Régulier n'a jamais pu lire sa copie et, sans reproche, j'ai eu bien du mal aussi.

CHEVREUIL.

C'est insignifiant.

BOISDOUX.

Sans doute. Tout de même, il aurait voulu lire. Il voyait bien des points et des virgules et le commencement des mots, mais c'est là fin qui manquait.

CHEVREUIL.

Que cela? se plaindre pour si peu! Oh! les ingrats! Vous ne savez donc pas que les points et les virgules, c'est tout dans l'écriture et dans l'orthographe?

BOISDOUX.

Dans l'orthographe aussi? J'en serais bien aise à cause de mon Procureur.

CHEVREUIL.

Oui, surtout dans l'orthographe. Quand on a

l'esprit de finir tous ses mots en queue de morue, on saute à pieds joints le bassin des participes.

Mais revenons à nos moutons, je veux dire à nos horloges. Quelle figure a fait le Régulier?

BOISDOUX.

Que voulez-vous! Il a fait la mine d'un crabe qu'on met sur le dos et qu'on embroche! s'est mouché bruyamment, a mis, ôté et remis ses lunettes, a pesté, juré, voué Brideloup aux dieux infernaux, m'a traité de chicanier, d'être cause du procès et finalement m'a mis sa porte sur le nez!

CHEVREUIL.

Ah! il a fait cela à mon envoyé, au messager fidèle de Thémis! Gare à lui! Il va lui en cuire dans ma plaidoirie, comme dirait Michon, mon auteur favori! (*L'huissier quitte son paletot, reprend sa blouse et le tampon.*)

Et toi, brave Lucas, dis à mon ami que je plaide à 7 heures et qu'il prie Dieu sur la montagne, comme faisait Moïse pendant qu'Aaron combattait.

LUCAS.

Je ne sais pas, monsieur, si je pourrais retenir tout ça!

CHEVREUIL.

Retiens le gros, fais comme à la pêche. (*Lucas reprend un panier qu'il avait mis dans un coin en entrant.*)

Mais qu'as-tu donc là, dans ton panier?

LUCAS.

Des *chevrettes*, que je vais vendre en ville.

CHEVREUIL.

Des *chevrettes*, malheureux, et tu ne m'en offres pas?

LUCAS.

Ah! monsieur, je n'y pensais point, mais si ça vous convient, le marché va être bientôt fait. (*Il montre son panier.*) Voyez, ne sont-elles pas superbes?

CHEVREUIL.

Oui, vraiment! combien le lot?

LUCAS.

Ah! dame, c'est à vous de parler.

CHEVREUIL.

Non, pas du tout. Je n'y connais goutte d'abord. Et puis je veux savoir si le plus honnête et le plus brave pêcheur de la côte mérite toute sa réputation. Je vais te prendre au mot. Voyons, combien, 5 fr.?... 10 fr.?

LUCAS, *embarrassé.*

Nom d'un brick! mais c'est pas ordinaire un marché comme ça?

CHEVREUIL.

C'est vrai, mon vieux, mais depuis trois heures j'ai dit adieu à l'ordinaire et je nage en plein dans l'impossible, cornu et biscornu.

LUCAS.

Si j'allais vous vendre trop cher?

CHEVREUIL.

Tant pis pour moi, tant mieux pour ta bourse;
ça ne regarde que ta conscience.

LUCAS.

Sans doute, mais ma conscience et moi ça ne fait
qu'un.

CHEVREUIL.

Eh bien, arrangez-vous ensemble.

LUCAS, *se grattant l'oreille.*

Nom d'un brick, nom d'un brick! (*Se décidant
tout à coup.*) Eh ben, mettons 30 sous. Est-ce trop?

CHEVREUIL.

En vérité, sans savoir le cours de la poissonnerie
porniquoise, je ne le pense pas. Et vous, Cyrille?

BOISDOUX.

C'est-à-dire que vous faites un marché d'or. Le
lot vaut mieux 4 francs que ma citation 28 sous!

CHEVREUIL.

Alors c'est pas peu dire.

LUCAS.

Je le crois un brin aussi, mais faut bien faire
quelque chose pour un homme atteint d'un procès,
et qui est ami de notre vicaire. J'espère aussi que
vous allez arranger d'aplomb ce cancre de Brideloup et son quartier-maître?

CHEVREUIL.

Sois tranquille. Je vais les aborder carrément et préparer à Brideloup une bonne veste pour son hiver. Il n'aura plus besoin de sa peau de bique ! (*Il paie Lucas*).

En attendant, porte donc les chevrettes à l'Hôtel de France et dis de les faire cuire pour souper.

LUCAS.

Toutes ?

CHEVREUIL.

Oui, toutes, fussent-elles un millier ! Ah ! mais ça creuse, va, les procès. Je suis d'humeur à boire et manger la mer et les poissons.

LUCAS.

Sapristi, faut que ça vous affame joliment ! Au revoir, monsieur, et à tantôt.

CHEVREUIL.

Tu vas donc venir ce soir ?

LUCAS.

Ah ! dame oui, et les camarades avec ! Une audiencerie à la bougie où Brideloup et son maître vont être salés ; faudrait pas être marin pour manquer ça !

CHEVREUIL.

Merci de l'intention. Bois un coup à ma santé et que Dieu et la mer te gardent.

LUCAS, *levant son bonnet.*

Que M. le juge de paix vous le rende. (*Il sort*

3.

et l'avoué se prépare à faire de même, pendant que l'huissier se remet à sa table.)

(Rideau.)

ACTE TROISIÈME

L'AUDIENCE DE M. LE JUGE DE PAIX

Le juge de paix devra se placer en face des spectateurs : le greffier près de lui à gauche. — D'un côté l'huissier, de l'autre, en face, M. Chevreuil.

SCÈNE PREMIÈRE

Bon nombre d'assistants sur le théâtre et montrant la tête aux coulisses ; parmi eux des marins et un brigadier de gendarmerie.

CHEVREUIL *entre, salue les connaissances et reconnaît Michon. (Le tribunal n'est pas encore en séance.)*

Comment, monsieur Michon, vous négligez la boulangerie pour les procès !

MICHON.

Ecoutez, mon petit avocat, quand le diable aurait retenu mes pains par un bout, j'aurais défourné tout de même, pour être ici à sept heures. Je suis même venu un peu avant l'heure, (*en souriant avec malice*) et vous aussi cette fois ?

CHEVREUIL.

C'est que, voyez-vous, père Michon, quand les tribunaux sont en retard, ça n'a pas d'inconvénient, mais quand c'est les avoués ou les plaideurs, ah! mazette! la note change joliment.

MICHON.

Oui, je comprends, ça fait comme du pain pas assez levé; ça aigrit.

CHEVREUIL.

Précisément. Mais en vérité, votre boulangerie est une mine inépuisable des plus riches comparaisons. Sancho Pança n'aurait pas mieux dit.

MICHON.

Je ne connais pas le Sancho en question ni ce qu'il pensa, mais pour boulanger et cuire à point, je ne le crains pas. (*Prenant Chevreuil à part.*) Vous en jugerez demain, mon maître, car ma femme remettra à Mme Chevreuil un gâteau de sa fabrique. Je chaufferai le four tout exprès? Si c'est pas réussi, je veux y perdre mon latin et ma farine!

J'oubliais : ma Josette (qui n'a point les idées de travers, allez), m'a recommandé de vous dire que le juge de paix devrait vous être favorable, car c'est lui qui remit l'autre jour une belle pièce blanche à cette pauvre vieille femme que la voiture avait laissée, et il était bien mécontent, à ce qu'il paraît, contre les gens du bureau.

CHEVREUIL.

Comme vous dites, cette affaire-là ne va pas nuire à la mienne; c'est du beurre pour mes épinards.

SCÈNE DEUXIÈME

LES MÊMES, LUCAS.

LUCAS, *son chapeau à la main, présente une lettre.*

C'est notre abbé M. Samuel, qui vous l'envoie.

CHEVREUIL.

Voyons ce que dit le prophète ! (*Il lit sur le bord de la scène.*)

« Mon ami,

« Dans quel état d'inquiétude et de tourment
« tu dois être. (*En riant : c'est assez supportable.*)
« Un procès ! j'en suis bouleversé ! moi qui
« manque si bien voitures et chemins de fer et
« qui jamais ne me plains.
« Et Lucas, pour comble d'inquiétude, qui m'a
« parlé à mots couverts d'un complot parmi les
« marins du port, qu'il allait y avoir du bruit à
« Landerneau, etc., etc...!
« Je ne sais que devenir !
« Il m'a dit aussi, que tu étais comme larron,
« et qu'il fallait que je prie Dieu sur la montagne !
« C'est comme Aaron, sans doute ?
« Si tu peux plaisanter dans un pareil moment,
« tu n'es pas une poule mouillée, comme je le
« croyais l'autre jour aux Sablons !
« Adieu ! que la Providence te garde au milieu
« des loups. » (*L'avoué fermant la lettre.*)
Grand merci, à ce cher abbé, mais j'aime encore
mieux les brider.

(*A Lucas*). Mon pauvre ami est-il vraiment aussi
effrayé qu'il en a l'air ?

LUCAS.

Ah, oui, monsieur, ça lui a fait un fameux effet. Il n'est pourtant pas peureux, allez!

CHEVREUIL.

Je le sais pardi bien; l'autre jour il a failli nous noyer aux Sablons et il trouvait presque mauvais que je ne fusse pas d'excellente humeur après!

Mais que veut-il dire par ce complot de marins?

LUCAS, *un doigt sur la bouche,*

Chut, c'est pour la fin.

SCÈNE TROISIÈME.

LES MÊMES, LE TRIBUNAL.

LE GREFFIER, *ouvrant brusquement la porte du fond, d'un ton nazillard et sec.*

Le tribunal! chapeaux bas! (*M. le juge de paix entre et se place. Le greffier fait de même et Me Bois-doux aussi.*)

LE JUGE DE PAIX.

Monsieur le greffier, appelez la cause.

LE GREFFIER.

Chevreuil contre Brideloup; non, je me trompe; Chevreuil contre Régulier. (*Regardant dans la salle.*)

Le défendeur M. Régulier est-il là?

RÉGULIER, *se levant d'un coin, d'un air maussade.*

Présent, mais ça ne l'est pas,

LE JUGE DE PAIX.

Que voulez-vous dire, monsieur Régulier?

RÉGULIER.

Je veux dire que c'est pas régulier de juger le monde à la chandelle. Jamais ça ne s'est vu à Pornic, depuis que le monde est monde.

LE JUGE DE PAIX.

Vous savez sans doute que M. Chevreuil était pressé et que, dans les cas urgents, je puis abréger...

RÉGULIER, *l'interrompant.*

Si monsieur était si pressé, fallait qu'il arrive avant l'heure.

CHEVREUIL *se retournant vers le public.*

Ah! mais! mon adversaire a le mot, quand il est fâché? Va falloir manœuvrer serré et livrer un combat régulier.

RÉGULIER.

Non, on ne doit pas juger les gens si tard! J'ai l'air d'être en cour d'assises; autant me lier, me garrotter et me mettre entre deux gendarmes!

LE BRIGADIER *d'un ton bref, montrant son tricorne.*

Présent.

RÉGULIER, *qui a eu peur.*

Ouf, vous m'avez surpris, Monsieur le brigadier. (*On rit.*)

LE GREFFIER.

Silence dans l'auditoire!

LE JUGE DE PAIX.

Greffier, lisez la citation.

LE GREFFIER. (*Il commence la lecture, mais lit avec peine, hésite et finit par dire :*)

Lisez donc ça, vous, Cyrille. (*Il passe la pièce a Boisdoux.*)

BOISDOUX *essaie à son tour, hésite aussi, s'arrête, et n'en peut venir à bout.*

Excusez-moi, monsieur le juge de paix, mais il m'est entré du vernis dans l'œil et j'ai du mal à déchiffrer.

Si vous vouliez, je prierais le plaignant de lire son exploit.

LE JUGE DE PAIX.

Très-volontiers. Passez la pièce à M. Chevreuil. (*Boisdoux la passe.*)

RÉGULIER.

Tout ça, c'est pas fiscal. Il n'est pas permis d'envoyer au monde des papiers aussi mal écrits.

MICHON, *à ses voisins.*

Ecoutez-moi ce lapin-là : vous allez voir comme çà défourne.

L'HUISSIER *se tournant du côté de Régulier, opposé à Michon.*

Silence, silence !

CHEVREUIL.

Il lit vivement l'exploit : L'an 1867, le 23 septem-

bre à 5 h. du soir, en vertu d'ordonnance de M. le
juge de paix, à la requête de M...

J'ai

Donné citation à M...

A comparaître ce jourd'hui à 7 h. du soir, en
l'audience et par devant M. le juge de paix de
Pornic,

Pour,

Attendu que le requérant a fait arrêter hier
trois places pour la voiture de Nantes, au bureau
du sieur Régulier, et qu'un bulletin lui a été dé-
livré indiquant le départ de la voiture à 3 heures
précises ;

Qu'il n'y a à Pornic qu'une horloge publique,
celle de l'église ; qu'au mépris des indications le
sieur Régulier ou le sieur Brideloup, son conducteur, a fait partir sa voiture plus de 10 minutes
avant l'heure de l'horloge publique, et même
avant celle de l'horloge de son bureau ;

Qu'il a causé ainsi au requérant et à sa famille
un préjudice dont il doit réparation.

Par ces motifs, s'entendre condamner en 100 fr.
de dommages intérêts et aux dépens,

Sous toutes réserves.

MICHON, aux mêmes.

Hein ? c'est-il lu ça ?

LE JUGE DE PAIX.

Le demandeur a la parole.

CHEVREUIL, se levant.

Monsieur le juge de paix (il salue gravement), en
attaquant M. Régulier et derrière lui cet indi-
vidu que le bienfait de la naissance ou l'intelli-

gence de ses concitoyens, ont gratifié du nom modestement flatteur de Brideloup, je n'use pas seulement d'un droit ; je remplis un devoir !

Oui ; je viens défendre la Bretagne entière et la belle ville de Pornic en particulier ! Je défends votre clocher superbe, votre horloge aux sons puissants ! Je fais plus ! Je défends la bonne foi publique, sapée dans sa base par ledit Brideloup et son maître ! (*Marques d'admiration.*)

BERNARD, *à ses voisins.*

J'ai toujours pensé que cette affaire prendrait des proportions extraordinaires !

CHEVREUIL, *s'animant.*

Oui, monsieur Régulier, vous avez failli à l'honneur breton ; vous avez violé les lois de l'hospitalité ; votre bureau n'est qu'une souricière, vos bulletins sont des traquenards, vos gens des meneurs de bêtes sauvages !

MICHON.

Attrape, attrape, mon grand Régulier.

BOISDOUX.

Silence.

CHEVREUIL, *s'animant de plus en plus.*

Et quand vous dites, monsieur Régulier, que vous êtes comme lié et garrotté, vous avez cette fois raison. Vous êtes lié par la loi, garrotté par l'exploit de l'honnête Mᵉ Boisdoux, et torturé par les cris de votre conscience, car si vous avez une conscience, vous, monsieur Régulier, elle doit vous rappeler les plaintes et les gémissements de cette

pauvre veuve que vous avez l'autre jour si vilai-
nement abandonnée dans la rue, mais que, grâce
à Dieu, des mains généreuses ont secourue. (*Il
se tourne vers M. le juge de paix et s'incline.*) Si vous
avez une conscience, monsieur Régulier, vous
devez comprendre la faute que vous avez commise
en abandonnant aujourd'hui toute une famille, en
exposant des étrangers à se détourner de vos côtes
comme d'un lieu de déceptions et d'insolence !

Arrivons au fait, car si doux qu'il me paraisse
de n'être point aujourd'hui interrompu, je ne voudrais pas abuser à l'excès de la bienveillance de
monsieur le juge de paix. (*Il fait un salut à M. le
juge de paix qui le lui rend.*) Si je posais à ce public intelligent cette question limpide : où suis-je,
que me répondrait-on ?

UN MARIN, *parmi les assistants.*

A Pornic, pardi !

CHEVREUIL.

Excellente réponse. Si j'ajoutais : Y a-t-il deux
horloges publiques à Pornic ?

LE MÊME MARIN.

Ah ! dame non, je n'avons que celle du clocher.

LE JUGE DE PAIX.

N'interrompez pas, s'il vous plait.

LE MARIN, *sortant des rangs.* (*On rit.*)

Excusez, mon président, je croyais qu'il fallait
répondre.

CHEVREUIL.

Ce brave marin répond pour tous, et sa réponse
est la base de mon argumentation, l'ancre de mon
raisonnement.

Donc nous sommes à Pornic.

Donc il n'y a qu'une horloge publique à Pornic.

Cet avantage est insigne, messieurs. Je pourrais
vous parler d'une ville où il y a trois horloges qui
sont toujours en guerre, et où l'on est encore sous
le coup de l'horloge de la gare, qui recule au lieu
d'avancer.

RÉGULIER.

Vous voyez donc bien que je n'ai pas tort.

CHEVREUIL, *vivement.*

Si, monsieur, parce que nous sommes à Pornic
et pas à la Flèche !

Je bénis donc pour vous la Providence, messieurs, du bonheur et de la paix dont vous jouissez
de n'avoir qu'une horloge, et je dis : cette horloge,
c'est mon principe, c'est ma loi, c'est ma boussole, c'est mon soleil ! (*Marques nombreuses d'admiration.*)

MICHON.

Ah ! mais, c'est-il levé, c'est-il levé !

CHEVREUIL, *d'un ton de mélodrame.*

Et cet homme, messieurs, méprise l'horloge de
son pays ! Il lui préfère, quoi ? un misérable cou-
cou, une péronnelle d'horloge, sous prétexte
qu'elle est à répétition et qu'elle vient de la
Suisse ! Et il en arrive à ne pas même écouter sa
pendule et fait partir sa voiture avant le deuxième
coup sonné !!

Non, jamais l'orgueil ne s'est abattu plus fatalement sur une tête humaine et n'en a plus gravement compromis les ressorts du cerveau.

MICHON.

Attrape, attrape, et donne la moitié du sac à Brideloup.

CHEVREUIL.

Les Egyptiens adoraient les légumes et les animaux.

Les Chinois adorent encore des fétiches ;

M. Régulier adore son horloge ;

C'est un Chinois, un Cochinchinois, un pendulàtre.

RÉGULIER.

C'est pas vrai, à la fin, je suis de Pornic, entendez-vous.

CHEVREUIL.

Vous l'êtes ! vous faites régner ici le culte des faux dieux et vous attirerez sur le pays, si nous n'y prenons garde, la malédiction divine.

PLUSIEURS VOIX.

C'est en vérité vrai !

CHEVREUIL.

Ah ! que n'ai-je eu affaire à des marins, à des bateliers ! voilà des hommes dont la parole est sacrée. La race des Brideloup est inconnue parmi eux !

PLUSIEURS VOIX.

Hourrah ! Hourrah !

CHEVREUIL.

J'arrive à la question secondaire : j'étais attendu à Nantes, et on y dînera sans moi ! Je partais souriant, heureux, l'âme remplie des plus charmants souvenirs et cet incident fait subitement le noir dans mon ciel ! La voiture de Brideloup écrase mes pauvres rêves, et quand je me plains, on me paie en faux principes; on me jette à la tête une insolente horloge, et quand enfin, poussé par le désir de faire, devant la justice, plus ample connaissance avec l'auteur ou le complice de ce traquenard infernal, j'envoie à M. Régulier Me Cyrille Boisdoux ! Ah ! messieurs, savez-vous comment il accueille mon messager ? par des injures et des outrages.

J'en frémis encore d'indignation !

Vous ferai-je ici le portrait de Me Cyrille Boisdoux ?

LE JUGE DE PAIX.

Ce n'est peut-être pas indispensable à la cause, monsieur Chevreuil ?

CHEVREUIL.

Vous avez raison, monsieur le juge de paix, et je continue.

LE JUGE DE PAIX.

Toutefois, je tiens à dire à M. Régulier que s'il a adressé des paroles inconvenantes à Me Cyrille Boisdoux, il a été vraiment injuste et coupable, car tout le monde aime et respecte ici Me Boisdoux.

PLUSIEURS VOIX.

Ah ! dame oui.

LE JUGE DE PAIX.

Et quand les plaideurs m'ont fait perdre patience, je les lui envoie souvent à concilier.

Monsieur Chevreuil, veuillez m'excuser de vous avoir interrompu et continuez.

CHEVREUIL.

J'ai fini, monsieur le juge de paix, et me borne à demander à M. Régulier 100 francs de dommages-intérêts. Je l'abandonne d'ailleurs à son horloge et à Brideloup et j'abandonne celui-ci aux marins du port.

PLUSIEURS VOIX.

On s'en charge.

LE JUGE DE PAIX.

Monsieur Régulier, qu'avez-vous à répondre à la demande? Vous avez la parole.

RÉGULIER, *d'un ton bourru.*

Je n'en veux pas. Je veux un avocat.

LE JUGE DE PAIX. .

Voyons, monsieur Régulier, tâchez d'être poli et raisonnable. Vous savez bien que je ne puis vous fournir un avocat.

RÉGULIER, *du même ton.*

C'est égal; j'en veux un. Faut renvoyer ça.

LE JUGE DE PAIX.

Çà, quoi?

RÉGULIER.

L'audience, pardi! Je dirai à l'administration de m'envoyer un avocat par Brideloup.

MICHON, *à part.*

Toujours son Brideloup! Débride donc ton bec plutôt.

LE JUGE DE PAIX.

On n'envoie pas les avocats aussi aisément qu'on expédie une bourriche d'huitres, monsieur Régulier. D'ailleurs je tiens à rendre mon jugement, ce soir. Encore une fois qu'avez-vous à dire?

RÉGULIER.

Tout et rien. Fallait que ce monsieur arrivât à l'heure?

LE JUGE DE PAIX.

Sans doute, mais à quelle heure?

RÉGULIER.

A l'heure de mon horloge.

CHEVREUIL.

Il a juré de ne pas sortir de son horloge; il y est emboité comme un limaçon dans sa coque.

RÉGULIER *s'animant.*

D'ailleurs je vous préviens que je ne connais point l'horloge de l'église. Faut que l'horloge soit à la mairie. Je veux une horloge communale, municipale. Ah! mais, croyez-vous me faire la loi avec une horloge d'église, une horloge cléricale! Jamais de la vie, entendez-vous! Et puis,

montrez-moi l'article qui permet de juger à la
chandelle! je veux voir ça! Ah! mais oui, je veux
voir ça. Et Brideloup, qui n'est pas sot, serait
justement tombé sur un avocat! c'est pas possible.
Que monsieur montre ses papiers! Ah! dame, oui
que je proteste et que je contreproteste. J'invoque
toutes les lois : prescription, incompétence! nul-
lité, renvoi et toute la potée. (*Il se rassied en s'essuyant le front.*)

LE JUGE DE PAIX *d'un ton très-poli.*

Et pour les dommages-intérêts, qu'avez-vous à
dire?

RÉGULIER.

Des dommages-intérêts! ah! ben, excusez, ce
serait d'un bel exemple.

LE JUGE DE PAIX.

Vous ne voulez pas en offrir à l'amiable?

RÉGULIER *sèchement.*

Non, ah! dame, non, je suis trop monté!

MICHON *à ses voisins.*

Le voilà revenu à son horloge! L'avocat a bien
dit : Il est bien sûr penduloqué.

RÉGULIER *qui a entendu.*

C'est pas vrai encore un coup! Je suis Justin
Régulier.

CHEVREUIL.

Justin! Ah c'est trop fort!

4

LE JUGE DE PAIX.

La cause est entendue. (*Il cherche dans son code, approche une bougie, puis deux, éloigne son livre, le rapproche. Parlant aux personnes les plus près de lui.*) J'ai toujours de la peine à lire le soir.

RÉGULIER.

C'est pas régulier, ça vient de là. Vous allez voir que vous n'allez pas trouver l'article.

LE JUGE DE PAIX *cherchant toujours.*

Calmez-vous, monsieur Régulier. Je le trouverai toujours assez tôt pour vous!

RÉGULIER.

Ça dépend.

LE JUGE DE PAIX, *qui a enfin trouvé, réfléchit un instant et prononce son jugement.*

Nous, juge de paix, après avoir entendu les parties dans leurs explications et en avoir délibéré, statuant en dernier ressort, — attendu que le sieur Régulier a fait partir sa voiture avant l'heure indiquée dans les bulletins de place, délivrés au demandeur et qu'il a ainsi causé à celui-ci un dommage qu'il doit réparer et pour l'appréciation duquel nous avons des éléments suffisants, — condamnons ledit Régulier en 30 francs de dommages-intérêts et en tous les dépens. (*Se tournant vers Régulier.*)

Voici le jugement rendu. Voulez-vous payer à l'amiable et éviter des frais.

RÉGULIER.

Non, non, non. Faut que ça aille de bout en bout.

CHEVREUIL.

Il a raison, ce sera plus régulier.

LE JUGE DE PAIX.

Ainsi, vous refusez?

RÉGULIER.

Oui. — D'ailleurs, j'en répète.

LE JUGE DE PAIX.

Vous avez tort : l'affaire est sans appel.

RÉGULIER.

Ça ne fait rien; j'en répète tout de même.

CHEVREUIL.

Mais on vous dit que ce n'est pas comme votre horloge, que l'affaire n'est pas à répétition; qu'elle est en dernier ressort!

RÉGULIER.

Je trouverai bien, moi, un autre ressort, et plus fort que ce dernier-là ?

CHEVREUIL.

Ma parole, vous feriez mieux d'en tirer un de votre horloge qui va trop vite et de raccommoder votre tête avec, car votre grand ressort à un fameux coup de marteau. (*On rit.*)

LE JUGE DE PAIX.

L'audience et levée.

(Le tribunal se retire.)

RÉGULIER *part en marmotant:*

Cité à cinq heures, condamné à sept, c'est pire qu'a Falaise ! et à la bougie ! Ah dame, non c'est pas régulier, je le soutiens et je le prouverai. (*Il s'enfonce de colère son chapeau sur la tête.*)

D'ailleurs, c'est la faute à Brideloup et il paiera les pots cassés !

MICHON *l'arrêtant par le bras.*

C'est égal, tout Brideloup qu'il est, Chevreuil l'a bien bridé.

SCÈNE QUATRIÈME

LES MÊMES, MOINS LE TRIBUNAL ET RÉGULIER.

LUCAS *s'approchant.*

Notre avocat, il y a en bas une bande de marins qui vous attendent. Ils sont si contents de vous qu'ils veulent vous porter en triomphe. (*On entend du bruit au dehors.*)

CHEVREUIL *interdit.*

En triomphe ! ah ! miséricorde ! il ne manquait plus que çà.

LUCAS.

Ça ne va pas manquer, allez, — venez vite, car les marins, faut pas les contrarier ; ils feraient

le branlebas. (*Le bruit augmente : on entend des cris
de : Ohé Brideloup, as-tu vu Brideloup ! Vive l'avocat ! hourah.*)

CHEVREUIL.

Mais, mon pauvre Lucas, c'est pas l'habitude
de porter les avoués ou les avocats en triomphe.
Les tribunaux ne souffriraient pas ça.

LUCAS.

Oui, mais on n'ira pas leur dire. Et la justice
de Pornic est une bonne justice, qui ne nous fera
pas d'embarras. (*Le bruit redouble. Lucas s'approche
de la fenêtre.*)

Ohé, les enfants, serrez les voiles un peu. (*Le
bruit s'apaise à demi, Lucas s'adressant à M. Chevreuil.*)

C'est pas tout ; on ne veut pas que vous retour-
niez à Nantes dans ces vilains berlingots, avec un
terrassier comme Brideloup ou les autres. On
vous conduira jusqu'à Nantes dans un bon bateau !
Vous serez là comme un roi ! L'eau, voyez-vous,
salée ou non, c'est la plus belle des routes.

C'est moi qui leur ai mis cette idée-là dans la
tête, qu'en pensez-vous ?

CHEVREUIL.

Superbe ! colossal ! digne de l'antique Grèce et
des empereurs romains, mais, mon pauvre Lucas,
c'est trop fort pour un avoué.

C'est égal, tu es la crème des hommes et j'embrasse en ta personne tous les marins français
et tes camarades en particulier. (*Il l'embrasse.*)
Dis-leur cela et cours annoncer à ma femme l'issue
du procès.

LUCAS.

J'y file, mon commandant. (*Il salue militairement et disparaît.*)

CHEVREUIL.

Porté en triomphe ! Enlevé en bateau jusqu'à Nantes ! J'en ferai bien sûr une comédie, quand j'aurai le temps. (*Se tournant vers Michon et le brigadier et leur tendant les bras.*)

Ah ! père Michon, ah Brigadier ! venez à mon aide ! — Vidons quelques bouteilles avec ces braves et arrêtons les frais.

(*La toile tombe. On entend au dehors, Hourah ! Hourah !*)

INDICATIONS UTILES

LE LIVRE EN ACTION — LITTÉRATURE — POÉSIE

— MUSIQUE — MORCEAUX CHOISIS

AVIS

ON PEUT S'ADRESSER :

Pour les ouvrages de littérature, à M. BLÉRIOT,
55, quai des Grands-Augustins,

et pour les morceaux de musique, à M. E. CHATOT,
éditeur de musique, rue Neuve-des-Petits-Champs.

INDICATIONS UTILES

Comme appoint moral, intellectuel et littéraire aux soirées dramatiques, aux conférences, aux fêtes quelconques des œuvres ou des maisons d'é-ducation, il est extrêmement utile, pour ne pas dire nécessaire, d'avoir sous la main quelques ex-cellents morceaux littéraires, prose ou poésie, et quelques chants ou chansonnettes de bon aloi.

Malheureusement il faut du temps pour faire le choix et, si l'on choisit mal, on perd aussi son argent. Or, le temps et l'argent manquent sou-vent un peu, — nous n'osons dire toujours et beau-coup, — aux directeurs des œuvres de jeunesse!

Nous croyons rendre un véritable service en donnant ici quelques indications.

Elles auront le mérite d'avoir été *expérimentées* et nous ne recommanderons rien qui ne soit hon-nête et intéressant et qui ne sorte du commun.

Dans chacun des volumes de cette collection, les renseignements seront ainsi divisés :

§ Ier. *Le livre en action.*
§ IIe. *Littérature, poésie, variétés.*
§ IIIe. *Musique, chants et chansonnettes.*
§ IVe. *Morceaux choisis.*

La mine étant inépuisable puisqu'elle se renou-velle et s'enrichit sans cesse, les renseignements d'un volume ne seront jamais répétés dans un autre.

§ Iᶜʳ. — LE LIVRE EN ACTION.

Une représentation dramatique demande toujours du temps et occasionne aussi de la dépense. D'autre part, la littérature proprement dite n'y vient qu'en seconde ligne. Il y faut surtout l'esprit, la variété et le côté dramatique ou comique des situations.

Et puis, il faut choisir la pièce, — œuvre difficile, qui fait le tourment, croyons-nous, de bien des directeurs d'œuvres !

Chacun, au contraire, peut avoir sous la main un bon livre ! Grâce à Dieu, il en paraît encore chaque année.

Pourquoi ne pas mettre le livre en action ?

Nous avons essayé, et nous croyons la chose facile et susceptible de donner, à tous les points de vue les meilleurs résultats.

I. — Prenons par exemple, le **Journal d'un volontaire d'un an au 10ᵉ de ligne** (1), par M. René Vallery-Radot.

Cet ouvrage est fort intéressant et mérite les nombreuses éditions qui ont été publiées déjà. Il a été couronné par l'Académie française et est vraiment digne aussi de cet honneur.

Il est facile de choisir les plus beaux passages du livre, de faire quelques coupures afin d'avoir

(1) Un volume in-18 de 268 pages, chez Hetzel, Paris. Prix : 3 fr.

un sujet complet de cinq ou six pages, puis de distribuer à des jeunes gens de bonne volonté. Ils *apprennent* chacun leur morceau, — c'est indispensable, car la simple lecture ennuie, ou peu s'en faut, à moins de lire admirablement, ce qui est rare ; — ils répètent deux ou trois fois ensemble ou isolément, et à l'occasion du départ d'un sociétaire comme volontaire ou soldat, ou de son retour, on ouvre la scène.

Au lever du rideau, l'un des dignitaires du cercle vient dire quelques mots aimables pour le camarade qui part ou qui revient. « Pour vous donner une idée précise, dit-il ensuite à l'assistance, de la vie du volontaire, permettez à quelques-uns de nos camarades, de venir tour à tour reproduire ici, devant vous, les meilleurs passages du *Journal d'un volontaire d'un an.* »

La toile tombe un instant et se relève bientôt. On voit s'avancer un soldat (un peu de couleur locale ne nuit jamais).

Premier sociétaire. Il raconte *l'arrivée au camp.*
« 10 mars. — Me voici au camp d'Avor. Il est
« 9 heures du soir ; roulé dans une couverture de
« cheval, j'entends le vent souffler, les soldats
« ronfler et le pas monotone de la sentinelle... »
Page 3 et suivantes. (Rideau.)

Deuxième sociétaire. C'est *l'exercice.*
« Pluie fine, pénétrante, mêlée de grêle et de neige
« fondues... » Page 40 et suivantes. (Rideau.)

Troisième sociétaire. *La Corvée.*
« 8 avril. La corvée de pain ! me dit le caporal
« de semaine, prenez ce sac et courez vite. — Je

« cours avec mon sac de charbonnier, me ranger
« à la suite des hommes de corvée. — Voilà un
« volontaire, dit un vieux soldat; place les amis,
« je veux lui donner le bras... » Page 64 et suiv.
Rideau.)

Quatrième sociétaire. *Voyages par étapes.*
« 19 octobre. — Départ à 5 heures du matin... »
Page 165 et suivantes.

Cinquième sociétaire. *Suite du voyage par étapes.*
« 20 octobre. — Allons, debout, mes petits
« amis! » Page 176 et suivantes.

Sixième sociétaire. *Le dernier coup de sac.*
« On nous a lu à l'appel un ordre du général... »
Page 257 et suiv.

Si c'est bien su et dit avec entrain, les bravos
ne manqueront pas! Les cœurs auront plus d'une
fois tressailli d'émotion. On aimera un peu plus
les soldats et un peu plus la France! Jeunes gens
et parents s'effrayeront moins du temps à passer
à l'armée, et tout cela vaut cent fois mieux que
d'entendre un vaudeville absurde, où la morale
est absente et le bon sens aussi, trop heureux si
l'esprit et le français ne sont pas eux-mêmes en
déroute!

II. — **L'héroïsme en soutane** (1), du général
Ambert. Ce vaillant et généreux livre, où la foi et le

_____

(1) 4ᵉ édition. Un fort volume in-18 de 372 pages.
Dentu, Palais-Royal. Prix : 3 fr. 50.

patriotisme débordent, peut se prêter à la même action.

Il suffit de prendre quelques passages dans chacun ou dans quelques-uns des livres qui composent l'ouvrage.

Il est en effet divisé en huit chapitres.

Chapitre Ier. *Le Prêtre.*
— II. *La Guerre.*
— III. *La France.*
— IV. *L'Invasion.*
— V. *La Sœur.*
— VI. *Le Captif.*
— VII. *Le Calvaire.*
— VIII. *L'Eglise, les tombes.*

Nul ouvrage ne saurait mieux graver en nous ces mots sublimes qui terminent et résument si heureusement le beau livre du général Ambert :

Dieu et Patrie !

5

§ II. — Littératute, Poésie, Variétés.

I. — M. Paul Deroulède a publié deux charmants volumes de poésie (1) « **Chants du soldat** »
et « **Nouveaux chants du soldat.**» Ils ont eu les
honneurs de nombreuses éditions et l'Académie
les a couronnés, au moins le premier (nous préférons pourtant le second). — C'est justice. Quelques imperfections de forme et de fond n'empê-
chent pas, en effet, l'ensemble d'être très-satisfai-
sant.

On y sent vibrer une âme patriotique et un
cœur vaillant.

Nous applaudissons aux accents du poëte et
nous croyons qu'il a vraiment le droit d'ouvrir ses
Nouveaux chants du soldat, par cette pièce si belle :
A ma mère, et de s'écrier :

Non, non, tous ces récits pleins de deuils et de larmes,
Moins écrits que pensés, moins pensés que vécus,
S'en vont toujours tout droit, marchant toujours en armes,
De ceux qui sont conquis à ceux qui sont vaincus.
Et c'est devant ceux-là, mère, que je t'honore,
Devant eux qu'à genoux je tends vers toi les bras,
Et que, d'un accent fier comme un clairon sonore,
Je viens jeter ton nom, ma mère, à mes soldats!

I. — Dans les **Chants du soldat** nous cite-
rons :

(1) Jolis volumes in-32 d'une centaine de pages, chez
Michel Lévy. Prix de chaque volume 1 fr. Ce prix mo-
deste est encore un mérite!

Le Clairon.

L'arrière-garde.

Bazeille.

Sur Corneille.

Toutes ces pièces sont conrtes et varient de trente à cinquante vers.

II. — Nous préférons les **Nouveaux chants du soldat**.

Presque toutes les pièces sont belles et parfaites même ; il n'y a que quelques coupures ou suppressions à faire çà et là.

Citons :

A ma Mère.

En Avant.

Sur la Jeanne d'Arc de Fremiet.

Le bon gîte.

Et surtout :

Othoniel.

Le Sergent.

Ces deux derniers morceaux ont cent cinquante à deux cents vers chacun, mais ce sont de vrais drames, du plus vif intérêt.

Nous souhaitons ardemment que M. Deroulède publie « d'*autres Nouveaux chants des soldat.* » Nous espérons aussi qu'il deviendra tout à fait chrétien. Son talent y gagnerait encore et ses œuvres deviendraient absolument irréprochables.

Nous lui retournerons donc son cri de vaillance : *En avant!*

III. — Nous recommandons aussi : « **Renaissance**, **Chansons du peuple**, par M. Achille du Clésieux (1). Ces poésies peuvent aussi bien être dites que chantées et sont excellentes.

_____

(1) In-32 de 144 pages, chez Dentu. 1 fr.

§ III. — Musique, Chants et Chansonnettes (1).

I. Chants patriotiques.

Le Clairon (Deroulède), musique de M. André.
Pauvre France, musique de Faure. — *Jeune Alsace.*

II. Chants sérieux.

Le Rossignol, mélodie, de Gounod. — *Le Soir*, mélodie du même. — *L'Enfant de chœur.*

III. Chants de l'atelier.

Les Maçons. — *Les Tanneurs.*

Et surtout les *Chansons du Peuple*, dont nous venons de parler. Elles sont presque toutes sur des airs connus et beaucoup sont de vrais chefs-d'œuvres : *L'ouvrier*, *Le bon ménage*, *L'apprenti*, *L'ouvrier d'autrefois*, les *Bretons*, le *charpentier*, le *laboureur*, *Le bon curé*, *Patrie*, etc. Dans toutes, morale irréprochable.

Que M. Du Clésieux se remette à l'œuvre et publie de nouvelles chansons du peuple ! L'académie lui devra une couronne.

IV. Chansonnettes.

Mes 28 jours, chanson d'un réserviste. — *Le fantassin*, de Nadaud. — *La Garonne*, du même. — *Le ténor léger.* — *Le serpent.*

V. Chansonnettes comiques, avec parlé.

Lettre chinoise. — *La première barbe d'un auvergnat.* — *L'infusion des omnibus.* — *Le fusilier Merluchon.* — *L'arche de Noë.* — *Un dîner sur l'herbe.*

(1) Le prix est en général de 1 fr. avec accompagnement et 40 c. sans accompagnement.
Dans certains morceaux, il y a quelques suppressions à faire.

§ IV. — Morceaux choisis.

I. L'étape.

20 octobre. « Allons, debout ! mes petits amis, le tambour bat le rappel dans toutes les rues, habillez-vous bien vite ! »

Et notre hôte, une lanterne à la main, nous reconduisit jusque dans la rue. De tous côtés arrivaient, deux par deux, les soldats sur la place de Nevers. Quelques lumières brillaient dans des échoppes : les soldats prenaient une tasse de café ou un verre d'eau-de-vie pour se donner, comme ils disaient, « du cœur au ventre ».

On se range par compagnies et par escouades, et on part en colonne, musique en tête. La grosse caisse et les cymbales réveillent la ville en sursaut...

Plisson et moi, nous n'avons pas voulu nous décharger de notre sac ; nous nous sommes promis de faire l'étape tout entière. La route s'étend bordée d'arbres, longue, monotone, à 6 kilomètres devant nous. Après un champ, un autre champ ; après une borne, une autre borne. Puis le paysage change : des prés, des collines, un cours d'eau, une cabane isolée, et bientôt devant nous une grande côte à grimper. La sueur coule sur nos fronts ; nous avons donné coups de sac sur coups de sac, et la force nous manque. Les clairons sonnent le pas de charge, et tous les soldats de chanter :

La mont'ras-tu, la côt', Pierrot ?
La mont'ras-tu, la côte ?
Y aura la goutte à boire là-haut !
Là-haut, y aura la goutte !
Allons, petit Pierrot, petit Pierrot,
Donne un bon coup de sac !
Allons, petit Pierrot, petit Pierrot,
Donne un bon coup d'jarret !
C'n'est qu'une ampoul' de plus, Pierrot,
Y aura la goutte à boire là-haut !

Et on chante de même jusqu'à la dixième ampoule.

On arrive essoufflé, accablé, mais on ne sent toute sa fatigue que lorsque le clairon cesse. Supprimez la musique dans un régiment, et vous diminuerez de moitié le moral des hommes. Rien n'entraîne, rien n'encourage comme ces notes éclatantes. Ampoules, courbature, tout est oublié. Tous boitaient il n'y a qu'un instant ; les tambours battent ; tous se tiennent droit et marchent en cadence.

« Et dire qu'avant-hier, ils étaient au-delà de Nérondes, chuchotent les paysannes sur notre passage, et qu'ils sont à Saint-Pierre aujourd'hui ! Ils ont, ma foi, bon pied, bon œil ! »

Nous arrivons ainsi à Saint-Pierre le Moûtier. Le fourrier nous distribue notre ration de pain ; le caporal nous donne notre journée de solde : vingt-trois sous pour nous deux et notre billet de logement. On nous envoie chez un boucher, M. Guerriaud.

Mme Guerriaud nous reçoit avec un bon sourire :

« Passez dans l'arrière-boutique ; je vais vous apporter de l'eau, une serviette et une cuvette.

Mme Guerriaud met du bois dans la cheminée et court à ses pratiques, car c'est aujourd'hui lundi, jour du marché. De tous côtés on arrive, on demande du bœuf, du veau, du lard et des nouvelles de Mme Guerriaud. M. Guerriaud coupe, Mme Guerriaud pèse, le petit Guerriaud crie.

« Il ne serait pas logique, me dit Plisson, d'être dans la maison d'un boucher et de ne pas demander un pot au feu. »

Et se tournant vers notre hôtesse : « Auriez-vous la bonté, madame, de nous mettre dans une marmite une livre et demie de bœuf ?

— Vous voulez un pot au feu ? — Achetez quelques carottes et quelques navets, et je vous soignerai ça. »

Nous allons sur la place du marché, et nous revenons les mains pleines de légumes que nous épluchons avec le plus grand sérieux.

Le soir, une bonne soupe fumait dans l'arrière-boutique, Mme Guerriaud avait dîné à cinq heures comme on dîne en province et causait avec nous tout en tricotant des bas ; M. Guerriaud lisait le journal. Un paysan ouvre la porte en disant : « Bonsoir, la compagnie ! »

Il nous regarde, regarde Mme Guerriaud et lui
dit :

« Sont-ils jeunes! Ils ont pourtant une
famille, madame Guerriaud, ces enfants-là.
des parents qui ne sont peut-être pas aussi
bien établis que vous, mais qui les aiment
comme vous aimez votre marmot et comme
j'aime mon grand Nicolas qui est à Provins,
dans les cuirassiers. Je suis sûr que vous allez
bien les soigner. »,

— Soyez tranquille, voisin. »

Le soir, Mme Guerriaud nous conduisit dans
une belle chambre, nous montra un grand lit
à rideaux rouges et nous dit : « Vous coucherez
là. »

C'était le propre lit de M. et de Mme Guerriaud.

« Moi, continua Mme Guerriaud, je vais aller
chez la voisine, mon mari couchera sur ce lit
de sangle près du mur, et, au fond, voilà le
berceau du petit. »

Confus, nous refusons, nous nous faisons
prier. Mme Guerriaud nous dit : « Ce sera comme
ça. » Nous ne savions comment remercier notre
bouchère de nous céder son lit pendant qu'elle
pouvait si facilement mettre un matelas pour
nous dans l'arrière-boutique. Nous montons
dans ce lit large de deux mètres, et, au bout
d'une demi-heure, nous dormions à poings
fermés.

Des cris nous réveillent. Le petit Guerriaud
pleure, appelle sa maman. Nous voilà très-em-

barrassés : Plisson se lève, berce l'enfant et lui dit que sa mère va venir, mais l'enfant ne comprend rien et crie plus fort. Appelons Mme Guerriaud !

M. Guerriaud était dans l'arrière-boutique ; il monte, mais il a beau gronder, c'est maman Guerriaud que veut le petit Guerriaud. Le père redescend et revient avec sa femme qui se désole, prend son enfant dans ses bras et se demande ce qu'elle va faire.

L'enfant se calme et nous nous endormons.

Le lendemain matin, par les fentes des rideaux qui nous enveloppent, nous apercevons le berceau placé en barricade entre notre lit et le lit de sangle. Dans ce lit trop étroit, M. et Mme Guerriaud avaient couché tête-bêche. Ces pauvres gens s'étaient décidés à passer ainsi la nuit pour ne pas quitter leur enfant et ne pas nous loger dans l'arrière-boutique. Je retrouve mon képi sous trois jupes.

« Bonjour et bon voyage ! nous dit le mari.

— Bonjour, messieurs, » nous dit une voix plus douce que nous reconnaissons pour celle de Mme Guerriaud, cachée sous ses couvertures.

Ah ! les bonnes gens !

VALLÉRY-RADOT,
(Journal d'un volontaire d'un an.)

———

II. — La Sœur de charité.

Un jour un devoir militaire m'amenait à l'hôpital. J'y allais visiter un pauvre soldat, mon ordonnance aux spahis de Constantine, et qu'une maladie contractée en Afrique conduisait à une mort affreuse et prochaine,

Devenue impuissante, la science passa distraite et sans s'arrêter au chevet du lit de mon cavalier.

La famille absente, dispersée, anéantie peut-être n'avais jamais visité ce lit solitaire.

D'amis et de camarades on n'en voyait pas autour de cet homme venu des pays lointains.

Il était seul sur la terre, nul ici ne prononçait son nom, et l'on savait à peine qu'il était là.

Le numéro 23, tracé sur une planchette, restait suspendu par un clou à la tête du lit. Deux chiffres qui avaient servi tant de fois, qui serviraient tant de fois encore, distinguaient ce malheureux des autres malheureux.

Je l'avais connu jadis plein de force : joyeux cavalier, il égayait nos marches ; brave soldat, il portait gaiement la vie. Je l'aimais et il m'avait prouvé son attachement en maintes circonstances périlleuses.

Cependant lorsque je m'arrêtai au pied de son lit, il sembla ne pas me reconnaître. Ses yeux étaient fixés sur moi, mais nulle intelligence n'y rayonnait ; de ses lèvres entr'ouvertes, immobiles et sèches, un souffle irrégulier, saccadé, s'échappait à peine. Sa main amaigrie, blanche et froide comme le marbre, ne tressaillit même pas au contact de la mienne.

J'appelai le malade à haute voix, mais il resta sourd et immobile.

Son regard était toujours fixé sur le mien, et tout me prouvait cependant qu'il ne me voyait pas.

L'âme habitait encore le corps, mais elle était ensevelie dans les recoins les plus cachés. Elle s'y réfugiait si bien que Dieu seul l'y pouvait retrouver.

Les sens, interprètes de l'âme, sommeillaient tous.

Un bruit léger, léger comme celui de la feuille soulevée par la brise, vint jusqu'à moi. Ce souffle presque insensible que je percevais à peine, fit tressaillir le malade. Ses yeux se dirigèrent de côté, son front s'éclaira, ses lèvres cherchèrent à sourire, et le sang circulant dans ses veines porta la vie à ses mains qui se croisèrent sur la poitrine.

Mon regard suivit son regard, et je vis près de moi une sœur de charité: le moribond l'avait entendue le premier. La servante de Dieu venait de réveiller cette âme, comme l'invincible rosée du matin ressuscite la plante desséchée.

S'approchant du lit, la pauvre fille essuya la sueur froide qui inondait le front du soldat, et se penchant à son oreille, elle dit d'une voix douce : « Joseph, comment allez-vous ? »

Dans ce séjour, il était pour tous le numéro 23 ; pour moi, il avait toujours été le cavalier Meyer ; pour elle, il était Joseph.

Joseph ! Sa mère le nommait de ce doux nom sous le chaume du village ; dans ce nom presque oublié par le pauvre soldat lui-même, il y avait les plus chers souvenirs de sa vie ; son enfance insouciante aux forêts de l'Alsace, les jeux, les caresses, les bonheurs, les larmes de sa famille bien aimée.

Joseph ! Nul ne l'avait ainsi nommé que ses sœurs, ses frères, et sa mère ; c'était au hameau seulement que les vieux amis connaissaient Joseph.

Joseph ! C'était son nom dans le ciel ; le prêtre le lui avait donné en lui donnant une protection près de Dieu.

Le cavalier Meyer n'avait pas reconnu son capitaine ; le chrétien Joseph reconnut la sœur de charité.

Après l'avoir considéré quelques instants comme une mère considère son enfant, la sœur ouvrit une serviette blanche qu'elle apportait, en tira des fleurs, et les répandit sur le lit de Joseph.

Le malade tressaillit ; ses yeux brillèrent, et ses mains se promenèrent sur ces fleurs en les caressant.

Pour la première fois, la sœur de charité sembla m'apercevoir. Reconnaissant en moi un officier de l'armée, elle comprit que nous étions en famille. Alors sans préambule, elle me dit :

« Joseph était jardinier avant son entrée au service. »

Le génie de Michel-Ange, les cris sublimes de Bossuet, toutes les sciences humaines pourraient-ils égaler l'acte de charité de cette pauvre fille ignorante qui a deviné qu'à ce jardinier mourant il fallait des fleurs ?

Aucun docteur n'avait imprimé cela dans ses livres, aucun philosophe ne l'avait conseillé, et cependant la sœur le savait...

Mon malheureux soldat fut le prétexte et le sujet d'une conversation très-courte entre la sœur et moi. Je lui appris que Joseph Meyer était l'un de mes anciens spahis. Je sus qu'elle était la sœur Marthe, fille de nos campagnes, pauvre et ignorante.

Comme le soldat, la sœur de charité avait quitté son pays pour servir : lui, était serviteur de la patrie, elle, servante des pauvres. Soumis tous deux aux rudes privations, aux pénibles travaux vêtus tous deux d'étoffes grossières, étrangers tous deux, et pour toujours aux richesses et à la science du monde, ils passaient leur existence à veiller pour la société, le soldat au camp, la sœur à l'hôpital ; celle-ci prosternée au lit de mort, celui-là debout à la frontière.

Douze années après cette époque, le 25 juin 1848, je me dirigeais rapidement, avec les

bataillons qni m'étaient confiés, vers l'Hôtel-de-Ville de Paris, en suivant les quais de la Seine...

J'entrai dans une rue, en même temps qu'une trentaine de combattants, soldats de la ligne, gardes mobiles, insurgés ou gardes nationaux des provinces...

... Dans une cour humide et sombre, sur de la paille ensanglantée, des sœurs de charité avaient établi une ambulance. Elles ignoraient auquel des deux appartenait ce coin de terre. Agenouillées près des blessés, soldats, gardes mobiles, insurgés ou gardes nationaux, elle les pansaient en priant Dieu. Mornes et accablés, ces hommes tout à l'heure si terribles s'abandonnaient aux mains de ces pauvres filles...

Une sœur de charité, courbée sur un insurgé mourant, se leva, soutint le jeune homme dans ses bras, et déchira vivement sa tunique. Elle tenait encore l'uniforme de l'enfant à la main, lorsqu'une bande d'insurgés sortit tumultueusement de la maison qui faisait face à l'ambulance, et dont la porte vint tomber à nos pieds. Le chef de cette bande, vêtu d'une blouse bleue, portait un couteau de chasse à sa ceinture rouge, un mouchoir roulé autour de sa tête ; sa bouche noircie par la poudre lui donnait un étrange caractère de férocité.

Il vit avant tout l'uniforme du garde mobile aux mains de la sœur de charité. Celle-ci me tournait le dos, et son visage m'était caché.

« Traître, cria l'insurgé avec une horrible imprécation ; tu vas mourir ! »

Alors, il se jeta sur le garde mobile. L'enfant de Paris, couché sur le dos, se redressa, cherchant à écarter la lame du couteau de chasse ; l'homme avait jeté à terre son fusil déchargé.

Se redressant, la sœur fit le signe de la croix et se plaça devant l'insurgé. Mais ce n'était plus un homme ; la vengeance, l'ivresse peut-être, l'aveuglaient, et il frappa la sœur de charité du fer de son couteau. Elle chancela, et, tombant agenouillée près du garde mobile, elle voulut le protéger encore, car déjà le fer se levait pour la seconde fois.

Alors, un garde national de province s'élance entre la sœur et l'assassin. D'un coup de baïonnette, il étend l'insurgé à ses pieds, tandis que la lame du couteau dirigé vers la sœur vient se briser sur la bufflcterie de la giberne du garde...

Alors je vis la sœur Marthe à genoux, du sang sur la poitrine, le visage calme. Debout auprès d'elle, appuyé sur son fusil, était l'ex-cavalier Joseph Meyer, qui, lui aussi, regardait le ciel.

Dieu avait permis que la sœur de charité sauvât le soldat, et que le soldat sauvât la sœur de charité.

Avant son départ de Paris, lorsque la lutte fut terminée, je revis Joseph Meyer, que longtemps j'avais cru mort. J'appris de lui comment, à force de veilles, de soins, de charité, — charité de prières, charité de fleurs, charité de paroles, charité de larmes, charité d'espérances, sœur Marthe lui avait rendu la vie.

Pendant quinze mois, sœur Marthe disputait à la mort ce pauvre petit soldat qui lui était inconnu. Pour cet homme, pauvre comme elle, obscur comme elle, ignorant comme elle, la sœur prodiguait des trésors de charité. Quelquefois, au printemps, c'était un rayon de soleil qu'avec peine elle dirigeait autour de lui, pour réjouir son âme ; l'hiver, elle apportait du sarment qui pétillait dans l'âtre, et dont les étincelles dansant follement, réveillaient dans la mémoire de Joseph, de bons souvenirs, car il souriait. L'été sœur Marthe avait des fruits dorés pour le pauvre soldat.

Les secours de la science ont été impuissants, les larmes de la famille eussent été insuffisantes ; la charité accomplit le miracle...

Général AMBERT.
L'héroïsme en soutane.

III. — Othoniel.

8. Et le Seigneur irrité contre Israël les livra entre les mains de Khysànn, roi de Mésopotamie...
9. Mais ils crièrent vers le Seigneur qui leur suscita un vengeur, Othoniel, fils de Cenès...
(Les Juges, ch. III.)

Or, Khysànn étant roi de Méspotamie,
Le Seigneur d'Israël lui livra les Hébreux :
Sous l'instinct réveillé l'âme était endormie,
Or le blé qu'ils semaient ne poussa plus pour eux.

Ce ne fut plus pour eux que les cuves de chêne
Remplirent leurs flancs noirs du jus noir des
[raisins ;
Et les troupeaux menés à la source prochaine.
Ne paissaient plus pour eux sur les coteaux voisins ;

Ils perdirent le droit viril des armes nobles ;
A peine accordait-on à leurs bras sans joyaux,
Pour labourer leurs champs et planter leurs vi-
[gnobles,
Le soc de la charrue ou le fer des hoyaux.

Ainsi leur vie allait humble et désespérée,
Mais quatre ans de ce joug irritèrent les fronts,
Et s'étant réunis aux portes de Pérée,
L'un d'entre eux se leva qui leur dit: « Nous
[souffrons.

« Nous souffrons, mais le Dieu qui nous fit ces
[jours mornes
Fit aussi ce serment qu'il n'a jamais trahi :
— L'épreuve aura son temps, le temps aura ses
[bornes...
Où donc est Othoniel qui vainquit Gelmaï? »

Une voix répondit : « Othoniel vit encore.
Il vit et les grands bois poussent pour le cacher.
Sa lance est enterrée au pied d'un sycomore
Et son glaive vainqueur dort au creux d'un rocher. »

« Othoniel vit encore ! reprit la foule immense,
Loué soit l'Eternel qui combat avec lui !
Le mauvais jour n'est plus, un meilleur jour com-
[mence
Othoniel vit encore qui vainquit Gelmaï ! »

Et les douze tribus désignèrent douze hommes ;
Et l'homme de Lévy dut parler seul pour toüs :
« Dis-lui que s'il est las de souffrir, nous le sommes‘
Et qu'on vaincra pour lui s'il peut lutter pour
[nous. »

Les douze messagers partiront le soir même,
Et sous les bois profonds leurs pas couraient dou-
[teux ;
Quand un matin — c'était déjà le quatrième, —
De grands levriers roux bondirent devant eux.

Or ceci se passait au lieu dit du Message,
De lourds blocs de granit resserraient le chemin,
Et sur le haut d'un roc, qui gardait le passage,
Etait un homme, et l'homme avec un arc en main.

A demi nu, couvert de quelques peaux de bêtes,
Ayant avec sa barbe, et sous ses longs cheveux,
L'air hautain des guerriers, l'air calme des pro-
Il s'avança faisant un geste impérieux.   [phètes,

Les douze Messagers, touchant du front la terre :
« Le jour est arrivé ; le temps est révolu,
Béni soit Jéhovah ! Gloire à Dieu notre Père !
Othoniel d'Ahalab, fils de Cénès, salut !

« Israël nous envoie ; Israël souffre et pleure,
Et des terres de Gad aux terres de Joseph, [heure,
Tous les hommes debout n'attendent que ton
Les veux-tu pour soldats ? Ils te veulent pour chef.»

Mais secouant la tête avec un air de doute,
Se retournant déjà du côté des forêts,
Et rappelant ses chiens, et reprenant sa route,
Othoniel répondit : « Non, vous n'êtes pas prêts. »

Les envoyés ayant rapporté ces paroles,
La douleur accabla les enfants d'Israël;   [folles.
Et c'étaient des cris fous, c'étaient des plaintes
Quand l'un d'entre eux, plus sage: « Ecoutons
                                        [Othoniel.

« La voix du Dieu vivant nous parle par sa bouche:
Haïr est peu; gémir n'est rien; crier n'est pas;
Il faut l'effort qu'on voit, il faut le but qu'on touche,
Nous qui voulons un chef, faisons lui des soldats.». .

Et des plaines d'Hermath, jusques aux monts
                                        [d'Argile,
Des rives du Jourdain aux torrents de Gazer,
Dès que du ciel éteint tombait la nuit tranquille,
Les grands feux s'allumaient, où se forgeait le fer.

Enfin, quand huit saisons ayant changé la terre,
Les lis refleurissaient pour la deuxième fois,
Sous l'habit de voyage, ayant l'arme de guerre,
Les douze messagers revinrent aux grands bois.

Celui que l'on cherchait fut rencontré sans peine,
Il était à genoux, près du ruisseau d'argent,
Aiguisant le fer gris de sa lance d'ébène,
Et son glaive d'acier brillait sur le sol blanc.

« Père, dit le lévite, heureux de ce présage,
Les serments faits par Dieu seront-ils confirmés?
L'esclave verra-t-il la fin de l'esclavage?
Est-ce t'avoir compris que de nous être armés? »

— Othoniel rajustait sa lance sans rien dire, —
« O Père! Prends pitié de ses fils aux abois!
Sois bon pour nous sauver, sois fort pour nous
                                        [conduire :

Rends-nous nos champs, rends-nous nos blés,
                                   rends-nous nos boïs!

« Rends-nous les longs sommeils païsibles sous
                                        [la tente;
Les longs repas du soir sous le ciel transparent,
Et qu'Israël, vêtu de sa pourpre éclatante,
Lave son front guéri dans les eaux du torrent. »

— Et, sans voir que ces mots irritaient sa colère :
« Nous aurions le repos si tu nous délivrais;
Si tu nous délivrais nous n'aurions plus la guerre! »
Othoniel répondit : « Non ! vous n'êtes pas prêts. »

Cette fois la fureur dépassa la surprise.
Les hommes d'Israël crièrent : « Trahison!
Aux armes, quoiqu'il fasse ! au combat, quoiqu'il
                                        [dise ! »
Mais l'un d'entre eux encore : « Othoniel a raison.

« Corrompus jusqu'à l'âme, amollis jusqu'aux fibres,
L'élan durerait peu, nous eût-il fait vainqueurs ;
Fussions-nous délivrés; nous ne serions pas libres :
Nos bras se sont armés, sachons armer nos cœurs. »

Et ceci fut compris de tous, et tous se turent,
Et chacun retourna pensif à ses travaux.
Mais pendant les deux ans qui suivirent, ce furent
Des cœurs renouvelés dans des hommes nouveaux.

Et dans tout Israël régnait un calme auguste,
Et quand on se croisait le soir par les sentiers,
Si l'un disait : « Sois prêt ! » l'autre disait : « Sois
                                        [juste ! »
Et l'œuvre de salut dura deux ans entiers.

Or, quand ce fut le jour de célébrer la Pâque,

Le peuple se rendit aux lieux accoutumés ;
Mais comme l'on pouvait s'attendre à quelque
[attaque,
Les hommes vinrent seuls, et tous vinrent armés.

Ils s'assirent, formant un cercle autour des flammes.
Et sous tous les propos et dans tous les discours,
Quand les lèvres montraient à nu le fond des âmes,
L'espoir perçait parfois, le repentir toujours...

« Ah ! quand nous tenterons l'œuvre de délivrance,
Si, nous étant fait forts, Dieu nous fait triomphants,
Que l'épreuve, du moins, serve d'expérience,
Et laissons notre exemple à suivre à nos enfants !

« Soyons les artisans virils des fortes tâches ;
Ne soyons plus ceux-là que tous montraient au doigt,
Qu'on a pu trouver fous, qu'on a dû croire lâches,
Et qu'un sceptre étranger remettrait sous sa loi »...

Or ils étaient là tous, parlant dans la nuit sombre,
Ceux d'Azer au front noir, ceux de Gad à l'œil bleu,
Ruben, grand par le cœur, Juda, fort par le nombre :
Or ce qui se dit là, fut entendu de Dieu.

Et, — comme si cette ombre eût surgi de ce rêve, —
Rejetant le manteau qui leur cachait ses traits,
Ayant le casque au front, ayant en main le glaive,
Othoniel se levant leur dit : « Vous êtes prêts ! »

(Deroulède, *Nouveaux chants du soldat.*)

IV. — Le Charpentier.

L'charpentier sa hache dans la main,
 Vaut bien l'sapeur superbe !
Il n'faut pas, q'dans son chemin,
 Sous l'pied on lui coupe l'herbe.
Faut l'voir l'habit bas, les bras nus,
 Fair'sauter la planchette ;
Ce n'sont pas les premiers venus,
 Qui joueraient d'l'herminette ;
Pas un pays dans l'monde entier,
Qui n'estime le charpentier !

L'charpentier est bon compagnon,
 C'est un gai camarade,
Il n'craint pas d'vider un canon,
 Et d'trinquer en promenade ;
Mais si le fainiant du lundi
 Vient l'tirer par la manche,
L'vrai charpentier lui dit : merci !
J'ai fait l'lundi, dimanche !
Pas un pays dans le monde entier,
Qui n'estime le charpentier !

L'charpentier est l'frèr'du maçon,
 L'un charpent', l'autr'maçonne,
Sans eux comment s'frait une maison ?
 On n'log'rait plus personne,
Ce s'rait tout d'même drôle une fois,
 Pour un'ville nouvelle,
D'avoir de la pierre et du bois,
 Mais ni hach', ni truelle.

Pas un pays dans l'monde entier,
Qui n'estime le charpentier.

L'charpentier n'prend pas d'grands airs,
   Mais la gloire l'attire ;
C'est lui qui dresse dans les mers
   Le grand mât du navire ;
Sur un'cathédrale, une tour
   Il monte en assurance,
C'est lui qui plante avec amour,
   Le drapeau de la France. .
Pas un pays dans l'monde entier,
Qui n'estime le charpentier.

(Achille du Clésieux, *Chansons du peuple*).

TABLE

———

———

Paris. — E. DE SOYE et FILS, imprimeurs, place du Panthéon, 5.

COLLECTION A. HERVO

THÉATRE CHOISI

DES ŒUVRES DE JEUNESSE, CERCLES ET PATRONAGES,

ET DES MAISONS D'ÉDUCATION

AVIS

Il sera publié tous les ans une ou deux séries du THÉATRE CHOISI DES ŒUVRES DE JEUNESSE.

Chaque série formera un volume et chaque volume contiendra dorénavant deux pièces et sera terminé par des indications utiles aux Œuvres et aux Maisons d'éducation, pour la composition des programmes de soirées ou séances dramatiques, littéraires ou musicales.

EN PRÉPARATION

2me SÉRIE

LE SERGENT ET L'ANGLAIS

Drame en deux actes, en prose.

ET

LE RENARD ET LES ÉTOURNEAUX

Comédie en un acte, en prose.

POUR PARAITRE LE 15 JUIN 1877

Paris. — E. DE SOYE et FILS, imprimeurs, place du Panthéon, 5.